*blue notes*
*93*

Rahel Varnhagen, geb. Levin, ist eine unverwechselbare Gestalt der deutschen Geistes- und Kulturgeschichte. Eine emanzipierte Jüdin aus wohlhabendem Haus, die sich taufen ließ, einen erheblich jüngeren nicht-jüdischen Mann heiratete und sich in Berlin als Salonière und Gesprächspartnerin berühmter Künstler und Philosophen einen Namen machte, darunter Fichte, Fouqué, Hegel, die Brüder Humboldt und die Brüder Schlegel. Sie lebte als Diplomatengattin in Wien, Paris und Karlsruhe, bevor sie nach Berlin zurückkehrte. Sie war eine große Leserin, die die Literatur ihrer Zeit genau kannte und kommentierte, und eine Verehrerin Goethes, der sie sogar selbst aufsuchte. Schließlich war sie auch eine bedeutende Chronistin Berlins von der Besetzung durch Napoleons Truppen bis zur Cholera von 1831/32. Zeitlebens scheute sie den Weg in die Öffentlichkeit und veröffentlichte selbst nichts. Einem größeren Publikum bekannt wurde sie erst nach ihrem Tod, durch die Auswahl der Briefe, die ihr Mann Karl August Varnhagen von Ense herausgab, der schon vorher Texte von ihr anonym publiziert hatte. Seither gilt sie als eine der großen Briefstellerinnen der deutschen Literatur.

Dieter Lamping, geboren 1954 in Lohne/Oldenburg, ist ein deutscher Komparatist und Professor emeritus für Allgemeine und Vergleichende Literaturwissenschaft an der Johannes Gutenberg-Universität Mainz. Er lebt in Mainz.

Dieter Lamping

# *Rahel Varnhagen*

*Ich lasse das Leben auf mich regnen*

Mit Grafiken
von Simone Frieling

ebersbach & simon

# *Inhalt*

*Was machen Sie?*
*Nichts. Ich lasse das Leben auf mich regnen.*
(IX, 45)

Für S. R. und C. F.

# *Ein »weiblicher Mensch«*
# *Rahel erklärt sich*

Als Jean Paul im Sommer 1800, auf dem Gipfel des Erfolgs, Berlin besuchte, lernte er in ihrem Salon auch Rahel Levin kennen. Er muss gleich von ihr beeindruckt gewesen sein. Nach seinem Umzug in die Stadt schrieb er ihr, ganz im Jean-Paul-Stil, am 6. November einen kurzen, liebenswürdigen Brief, in dem er versuchte, sie zu charakterisieren: »Sie behandeln das Leben poetisch, und das Leben daher Sie. Sie bringen die hohe Freiheit der Dichtkunst in die Gebote der Wirklichkeit und wollen die Schönheiten dort, auch als Schönheiten hier wiederfinden; – aber die poetischen Schmerzen sind, in die Prosa des Lebens übersezt, rechte wahre Schmerzen.«[1]

Rahel Levin wird diese Huldigung ihres berühmten Salon-Besuchers aufmerksam gelesen haben. Dass sie das Leben wie eine Kunst angehe, hatte ihr noch keiner gesagt. Sicher hätte sie Jean Paul darin zugestimmt, dass sie Freiheit und Schönheit zu verwirklichen suche, gerade in ihrem Salon. Dass aber das Leben sie wiederum ›poetisch‹ behandele, hätte sie wohl bestritten.

Fünf Wochen später antwortete Rahel Jean Paul aus Paris, wohin sie inzwischen gereist war. Sie nahm die Gelegenheit wahr, von sich selbst ein anderes Bild zu zeichnen: ihr eigenes. »Wißen Sie«, schrieb sie in ihrer Rahel-Orthographie, »warum ich will daß Sie so viel von mir wißen sollen? […] Weil Sie *Jean Paul* Richter sind […] weil Sie so sehen und schreiben. Nun sollen Sie auch eine sehen die schon *ungeschrieben* so fertig ist. Wenig Weiber die so zart, fein, und weiblich sind als ich, sind so *stark*; und wißen soviel von sich selbst, und haben so viel Ironie, und *scheinen* dabey so sehr das Gegentheil von dem zu seyn *was* sie sind. Und damit Sie das *geschwinder* wißen sollen: zeig ich's Ihnen. Sie loben die weiber schön! (in ihren Beschreibungen) aber noch haben sie einzureißende, eüßere Schranken; zeigen Sie dem Volke welche, ohne Schranken und die doch auf dem Punkt bleiben, außer welchem – sie aufhöhren zu *existiren. außer* welchem sie Mädchen, Frauen, Töchter, Mütter, Schwestern, Freündin, Wärtherin, Wirthin etc: sind; aber nicht ein *weiblicher Mensch*: mit einem Wort. Ich laß' Sie bis in mein Innerstes sehen Richter! (als Nahme und *Richter*).«[2]

Rahel Levin war 29 Jahre alt, als sie diesen Brief schrieb. Nach ihrer ersten unglücklichen Liebe war sie nicht immer frei von Selbstzweifeln; doch als sie Jean Paul antwortete, war sie es. Dem verehrten Dichter, der nicht zuletzt für seine Frauengestalten berühmt war und der in der preußischen Königin Luise seine prominenteste Leserin hatte, wollte sie sich erklären: als eine Frau, die ›ungeschrieben‹ ist, keine literarische Gestalt also, und doch ›fertig‹, also ganz sie selbst – ein Mensch, wie er in der Literatur noch nicht dargestellt worden ist.

Zuallererst als Mensch angesehen zu werden, war Rahel Levin seit Langem wichtig. Am 1. April 1793 schon hatte sie ihrem Freund David Veit in einiger Erregung geschrieben: »kann ein Frauenzimmer dafür, wenn es auch ein Mensch ist? […] (und das Gedanken hat wie ein anderer Mensch).«[3] Von sich zu sagen, man sei ein Mensch, kann leicht banal oder sentimental klingen. Das ist es aber nicht, wenn einem oder einer verwehrt wird, sich als Mensch zu entfalten, ihm oder ihr Menschenrecht oder Menschenwürde verweigert wird. Rahel Levin empfand ihr Leben lange so. Immer wieder sah sie sich vor allem auf zwei Rollen verwiesen, die sie als Einschränkungen empfand.

Die eine Rolle war die der Frau, die dem Mann Kinder gebärt, den Haushalt führt und ein gesellschaftliches Leben nur an seiner Seite hat. Rahel Levin war mit fast 30 noch unverheiratet, was ihrem Ansehen zumindest in ihrer Familie abträglich war. Man wartete ungeduldig darauf, dass sie endlich einen Mann finde. Sie aber hatte Vorbehalte, weniger gegen Männer als gegen die Ehe. Eine »Heirath«, schrieb sie 1793, gleiche ebenso sehr »einer Einschränkung« wie »ein Amt oder Stand.«[4] Erst spät, nach einigen Enttäuschungen und nach längerem Zögern, heiratete sie, nicht ohne sich vergewissert zu haben, dass sie ihre Freiheit nicht würde aufgeben müssen.

Die andere Rolle, auf die man sie verwies, war die der Jüdin – die sie zeitweise noch entschiedener ablehnte. Als junge Frau wollte sie sich aus dem Judentum lösen; sie glaubte nicht an seinen Gott, dem Volk fühlte sie sich nicht tief verbunden. Später ließ sie sich taufen und heiratete einen Nicht-Juden. Dem Antisemitismus ist sie gleichwohl nicht entronnen, nicht einmal in ihrem Freundeskreis.

Rahel Levin, schreibt Günter de Bruyn, »sah sich als Schlemihl, als Pechvogel, der doppelt vom Pech verfolgt wurde, nämlich durch Herkunft und durch Geschlecht.

Das Jüdischsein bewirkte Rahels Absonderung, das Frausein verdammte sie zur Untätigkeit.«[5] Das vor allem war es, was ihr, abgesehen von äußeren Umständen, das Leben und das Menschsein immer wieder schwer machte.

Dabei wusste Rahel Levin genau zu sagen, was ein Mensch sei. Sie hat darüber, wie über so vieles, nachgedacht und ihre Gedanken auch mitgeteilt. »Was wir eigentlich unter dem Worte Mensch verstehen«, schrieb sie etwa am 13. Dezember 1807 ihrer Freundin Rebecca Friedländer, »ist doch die Kreatur, welche mit ihres Gleichen in vernünftiger Verbindung steht, in einem Verhältnisse mit Bewußtsein, an welchem wir selbst zu bilden vermögen, und auch genöthigt sind immerweg zu bilden.«[6] Dieser eine Satz enthält die wichtigsten Stichworte ihres Menschenbildes: ihre kleine Anthropologie. Der Mensch ist für Rahel Levin ein soziales Wesen. Er steht mit seinesgleichen in einer Verbindung, die auf Vernunft und Aufrichtigkeit gegründet ist. Er bildet und formt sich beständig, immer in dem Bestreben, ein besserer, ein vollständigerer Mensch zu werden. So einfach diese Maximen auch klingen mögen – sie haben Rahels nicht immer einfaches Leben bestimmt.

Zwei dieser Stichworte hatte sie von zeitgenössischen Schriftstellern übernommen, die sie verehrte. Vernunft, als Gabe und Aufgabe des Menschen, ist ein zentraler Begriff in Lessings nicht zuletzt von Juden viel gelesenem Traktat *Die Erziehung des Menschengeschlechts*: Die Vernunft garantiert für Lessing die Verbundenheit der Menschen, jenseits von Klassen und Religionen. Davon war auch Rahel überzeugt. »Sie wissen«, schrieb sie ihrem Freund David Veit 1795, »daß ich Klassen nicht leiden mag, und mich zu keiner gerne einschränken lasse, als zu den Menschen.«[7] In diesem Punkt war Rahel Levin, die Zeitgenossin der Romantik, eine Tochter der Aufklärung. Nicht zufällig hing in ihrem Zimmer ein Bild von Lessing.

Das andere Stichwort, das sie aus der Literatur ihrer Zeit nahm, war ›Bildung‹. Mit ihm folgte Rahel dem Konzept der umfassend entwickelten Persönlichkeit, das im Zentrum der klassischen Idee der Humanität steht. Ihre wichtigste Quelle dafür war der große deutsche Bildungsroman: Goethes *Wilhelm Meisters Lehrjahre.* Seine Lektüre prägte ihr Leben. Wilhelm Meisters Ideal ist der »gebildete Mensch.«[8] Im Brief an seinen Schwager Werner bekennt er von sich: »Daß ich Dir's mit e i n e m Worte sage, mich selbst, ganz wie ich da bin, auszubilden, das war dunkel von Jugend auf mein Wunsch und meine Absicht.«[9] Rahel Levin hätte wahrscheinlich zu jeder Zeit ihres Erwachsenenlebens diesen Satz unterschreiben können.

Nicht nur eine Person, sondern eine »Persönlichkeit«[10] zu sein, wie es Wilhelm Meister möchte, war auch ihr Wunsch. Seine Idee der »harmonischen Ausbildung meiner Natur«[11] schloss die »Neigung zur Dichtkunst« und das seinerzeit nur dem Adel zugebilligte Bedürfnis ein, »eine öffentliche Person zu sein, und in einem weitern Kreise zu gefallen und zu wirken.«[12] Auch Rahel reklamierte beides für sich. Nur auf der Theaterbühne wollte sie, anders als Wilhelm, nicht stehen. Sie erfand sich eine eigene kleine Bühne: den Salon.

Ein Mensch zu werden war für Rahel Arbeit. »An sich arbeiten; klar werden, was uns verwirrt und drückt;

und wären es die größten Schmerzen«[13], riet sie der Frau des Dichters Friedrich de la Motte-Fouqué. »Denn«, so heißt es in einem ihrer Aphorismen, »wir machen unser Ich kontinuirlich«[14]: Wir sind auch unser eigenes Werk, das wir aber nicht vollenden und abschließen können. Erkennbar hat Rahel nach dieser Maxime selbst gelebt. Gelegentlich hat sie ihr noch eine weitere Zuspitzung gegeben, etwa wenn sie 1801 notierte: »Der Mensch als M e n s c h ist selbst ein Werk der Kunst.«[15] In diesem Gedanken kann man, mit Hannah Arendt, das »romantische Element«[16] in Rahels Denken sehen: »daß man aus seinem eigenen Leben durch ›Bildung‹ eine Art Kunstwerk machen könne.«[17]

Das wichtigste Mittel, sich zu bilden, war für Rahel das Denken. Nachdenken – oder wie sie gern sagte: ›Raisoniren‹[18] – gehörte für sie zum Menschsein. Nachdenklichkeit, von ihren Zeitgenossen oft als ›Geist‹ oder ›Gedankenreichtum‹ bezeichnet, war eine ihrer Haupteigenschaften; jeder ihrer Briefe zeugt davon. Rahel war, wie man es von Frauen zu ihrer Zeit erwartete, sensibel und mitfühlend. Aber sie war auch intellektuell begabt. Sie konnte denken – und machte von dieser Gabe regen Gebrauch. Sie dachte über alles nach, nicht zuletzt über sich: »sich zu verstehen«, schrieb sie 1812, »ist ja das urgenteste und menschlichste Bedürfnis der Menschen.«[19]

Solches Selbstverstehen war ihr aber nicht Selbstzweck. Rahel wollte es mitteilen, damit andere sie gleichfalls verstehen könnten. Das war ein Teil der ›vernünftigen Verbindung‹ zwischen Menschen, an der sie mitarbeiten wollte. Mit gutem Grund sagte sie von sich: »ich wollte, daß man wissen soll, wie es in mir zugegangen ist.«[20]

Das war ein anderes ihrer Lebensmottos, dem wir ihre zahlreichen Briefe verdanken.

Jean Paul war nicht der einzige Dichter, den Rahel, die mit vielen befreundet war, in ihr ›Innerstes‹ blicken ließ. Von Dichtern erwartete sie viel, ganz selbstverständlich auch, dass sie große Menschenkenner seien. In ihrer Zeit, glaubte sie, zeige sich das daran, wie sie Frauen darstellten: »Die alten hatten das Weib: die Mutter, die Tochter, die Schwester. Wir haben diese Urgestalten im Lichte der Frauen (Frauenlicht; sollte es eigentlich heißen): wir haben Frauen; und die hat Goethe beim Schopf gehalten, und ihnen tief durch die Augen in's Herz geschaut, jedes kleinste Winkelchen im ›Labyrinth der Brust‹.«[21]

Zu einem solchen Verständnis der Frau, die mehr ist als die Summe ihrer überkommenen sozialen Rollen, wollte Rahel auch Jean Paul verhelfen. Aus ihrem Brief an ihn spricht weibliches Selbstbewusstsein – nicht als »Eitelkeit«[22], die ihr ansonsten nicht fremd war, sondern als Selbstverständnis und Selbsterkenntnis. Rahel Levin kannte sich, und sie wusste nicht nur, wer sie war, sondern auch, was sie sein wollte: eben ein ›weiblicher Mensch‹. Das scheinbare Allerweltswort hat bei ihr das Gewicht eines Bekenntnisses. »Mensch«, schreibt Friedhelm Kemp, war »das höchste Wort in ihrem Munde, das heiligste, bei dem sie den Mitmenschen anruft; es gibt keinen Ehrentitel über diesen hinaus; aber er deckt auch kein ausdefinierbares Wesen, sondern nur eine unendliche Bestimmung.«[23] Ein Mensch zu sein, sah Rahel als ihre große Aufgabe an.

## *Die »geistreichste Frau des Universums« Ansichten eines weiblichen Menschen*

Rahel Levin, die 1814 Karl August Varnhagen heiratete und unter seinem Namen berühmt wurde, ist eine unverwechselbare Gestalt des frühen 19. Jahrhunderts. Im Unterschied zu manchen anderen Männern und Frauen ihrer Zeit, auch zu einigen, die damals bekannter waren als sie, ist ihr Glanz nicht verblasst. Schon zu Lebzeiten hatte sie berühmte Verehrer, unter ihnen nicht zuletzt Schriftsteller. Ludwig Börne und Heinrich Heine gehörten zu ihnen, Franz Grillparzer und Gottfried Keller. Auch Beethoven war von ihr so beeindruckt, dass er ihr einen Abend lang auf dem Fortepiano vorspielte. Goethe hat sie nicht verehrt, wohl aber geschätzt, ähnlich war es mit Fichte und Hegel.

Bis heute genießt Rahel hohes Ansehen: als »große Denkerin«[24], als »unvergleichlichste Schriftstellerin der Deutschen«[25] oder einfach als »außerordentliche Frau.«[26] Karl Jaspers hat sie als »große Erscheinung«[27] gelobt und »das Unbedingte in Rahel« jenseits des »Soziologischen und Psychologischen« hervorgehoben: »die Qualität ihrer persönlichen Wirkung, die Totalität ihrer Einsicht, das Wissen um die Dinge im Verborgenen, das Zeitlose im Zeitlichen.«[28] Heine zollte ihr ein noch höheres Lob, als er von ihr als »der geistreichsten Frau des Universums«[29] sprach.

Dabei hat sie ein großes künstlerisches oder philosophisches Werk nicht vorzuweisen. Ihre vorderhand bekannteste Leistung war, als soziale, vergänglich. Mehr als drei Jahrzehnte lang prägte sie, allerdings mit Unterbrechungen, als große ›Salonière‹ das gesellschaftliche Leben in Berlin mit. Unter den jüdischen Gesellschafterinnen dieser Zeit ist sie die bedeutendste, noch vor der etwas älteren Henriette Herz. Bei ihr gingen, eine Zeit lang, Adelige und Bürger, Professoren und Politiker, Schauspieler und Künstler ein und aus. Fast alles, was damals in der Berliner Kultur Rang und Namen hatte, verkehrte bei ihr. Nicht zuletzt durch den Umgang mit zahlreichen Berühmtheiten wurde sie selbst berühmt.

Viele sehen in Rahel Varnhagen auch eine Repräsentantin des deutschen Judentums ihrer Zeit, obwohl oder gerade: weil sie sich taufen ließ. Sie war die Tochter eines friederizianischen Schutzjuden und gehörte zur ersten Generation, die in den Genuss der preußischen Judenemanzipation kam. Ihr Leben und Erleben ist in vielem typisch für assimilierte Juden ihrer Zeit. Trotzdem ist nicht zu übersehen, dass sie »eine Ausnahmeerscheinung« in der Geschichte des Judentums, auch in der »der jüdischen Frau«[30] darstellt. Deren traditionelle Rolle hat sie für sich nicht angenommen.

Noch unverheiratet, hat sie versucht, als Salondame in der Berliner Gesellschaft eine Rolle zu spielen. Durch diesen Ehrgeiz und durch ihre Missachtung religiöser Gebräuche wurde sie bald »eine Außenseiterin in der jüdischen Gemeinde.«[31] Weil sie ein Teil der deutschen Gesellschaft und ihrer Kultur sein wollte, erfuhr sie noch nach ihrem Tod viel Ablehnung – von jüdischer wie von deutscher Seite. Dabei ist offensichtlich, welche Bereicherung auch für die deutsche Kultur Juden bedeuteten und bedeuten. Rahel war die erste Jüdin, an der das zu erkennen war, so wie später etwa auch an Rosa Luxemburg, Else Lasker-Schüler, Nelly Sachs und Hannah Arendt.

Lange Zeit hatte sie, sei es als Mademoiselle Levin oder Frau Varnhagen, vor allem in Berlin einen Namen. Weithin bekannt, ja berühmt wurde sie aber durch *Rahel. Ein Buch des Andenkens für ihre Freunde*, das ihr Mann posthum herausgab. Ursprünglich tatsächlich nur eine Freundesgabe, fand es begeisterte Leser und Leserinnen und wurde schließlich auf insgesamt drei umfangreiche Bände ergänzt. Weitere Editionen folgten bis in unsere Zeit. Durch ihre Korrespondenz vor allem ist Rahel der Nachwelt in Erinnerung geblieben. An Hunderte von Personen – Varnhagen hat 268 gezählt[32] – hat sie Tausende von Briefen geschrieben. Eine ähnlich umfangreiche Sammlung von schriftlichen Zeugnissen einer Frau, zumal einer jüdischen, hatte es zuvor nicht gegeben.

In den Briefen ist Rahel im ganzen Reichtum ihrer Persönlichkeit zu erkennen: als besorgte und fürsorgliche Schwester; als unglücklich Verliebte; als selbstbewusste und verständnisvolle Ehefrau; als kluge Selbstbeobachterin, die allerdings auch sehr von sich eingenommen sein konnte; als ungewöhnliche Menschenkennerin, deren Rat viele einholten; als kultivierte Dame, die musikalisch und literarisch, selbst philosophisch gebildet war und sich immer ihre eigenen Gedanken machte; als zunehmend wache Zeitgenossin von unbestechlichem Urteil; als Freundin, die Menschen zusammenführen wollte; schließlich als eine bei allen Irrtümern unermüdlich

Wahrheit und Wahrhaftigkeit suchende Frau. Das alles – und manches mehr – gehörte für sie dazu, ein ›weiblicher Mensch‹ zu sein. Dabei bestand sie darauf, »keinen Titel, keine Pflicht, keinen Namen, kein Amt, keine Delikatesse«[33] zu haben, die sie hätten einschränken können, und nur durch die Kraft ihrer Persönlichkeit zu wirken.

Das *Buch des Andenkens*, das am Ende ungefähr 1.800 Seiten umfasste, zeigte schließlich auch, dass Rahel nicht nur in ihrem Salon Schriftsteller empfing, sondern selbst schrieb, neben Briefen vorzugsweise kurze, pointierte Aufzeichnungen zu den unterschiedlichsten Themen. Durch deren Publikation verschob sich nach ihrem Tod vollends das Bild, das von ihr in der Öffentlichkeit umging: von der vermeintlichen Muse zur heimlichen Autorin. Die Salondame wurde selbst als schreibende Frau kenntlich.

Rahel Varnhagen erscheint heute nah und fern, vertraut und fremd zugleich. Sie gehört nicht nur einer anderen Zeit an, unter deren Bedingungen sie lebte. Sie hatte auch ihre eigene Vorstellung davon, was es heißt, ein ›Mensch‹ und ein ›weiblicher Mensch‹ zu sein. Sie wusste, dass sie ihren eigenen Weg gehen musste, und sie ging ihn so geradlinig sie konnte. Sie wollte vor allem frei sein: »Freiheit«, schrieb sie, »ist nur, nach seinen Prinzipien handeln zu dürfen.«[34]

Anziehend an ihr ist immer noch das, was sie besonders und unverwechselbar macht: ihre Lebendigkeit, ihre Ursprünglichkeit und die Tiefe ihrer Worte und Gedanken. Schon manche auch ihrer männlichen Zeitgenossen erkannten, dass sie in ihrer Intelligenz und Sensibilität etwas Genialisches hatte. Wie wenige lebte sie die Idee der Individualität.

Dass Rahel dabei viele Eigenschaften in sich vereinigte und nicht unbedingt ohne Widersprüche, versteht sich fast von selbst; »widersprechende Eigenschaften, in Harmonie gebracht«, schrieb sie 1812, »machen den großen Mann.«[35] Die große Frau auch: Das, unter anderem, macht ihren Reichtum aus. Rahel entstammte der Oberschicht, dachte jedoch in vielem nicht wie sie. Sie verkehrte mit Adeligen und sorgte sich um Notleidende und Arme. Ohne finanziell unabhängig zu sein, war sie selbstständig. Sie war eigenwillig, aber keine Rebellin. Sie war Jüdin – und wollte nicht jüdisch sein. Nicht nur einer Gruppe, welcher Art immer, wollte sie angehören, sondern bezog sich lieber »auf die ganze Menschheit.«[36] Eine gute Freundin zu sein, Frauen wie Männern, bedeutete ihr viel – manchmal mehr als den Menschen, mit denen sie sich befreundet glaubte. Sie bemühte sich, von anderen gut zu denken und ihnen auch Gutes zu tun, selbst wenn ihr das nicht vergolten wurde. Sie wollte verstehen und verstanden werden, fand aber nicht viele, die sich für sie der gleichen Mühe unterzogen.

Dabei war sie kein ausbalancierter Mensch von gleichbleibendem Temperament. Sie war lebhaft und nachdenklich, nüchtern und leicht erregbar, zurückhaltend und überschwänglich, selbstbewusst und selbstlos, anspruchsvoll und hilfreich, hochmütig und bescheiden. Nur verstellen konnte sie sich offenbar schlecht, und lügen verabscheute sie. Was sie auch fühlte, dachte und tat – sie versuchte immer sie selbst zu sein.

## *»Nennt mich Rahel«*
## *Die Namen einer Frau*

Als Rahel Varnhagen im Sterben lag, wurde sie von ihrer langjährigen Hausangestellten Dore gepflegt. Als die sie einmal, wie üblich, »Gnädige Frau« nannte, soll sie gesagt haben: »Ach was! es hat sich aus gegnädigefraut! nennt mich Rahel.«[37] Erst die Nachwelt hat ihr diesen Gefallen getan. Die Sammlung von Briefen und Aufzeichnungen, die ihr Mann nach ihrem Tod herausgab, trägt ihren jüdischen Vornamen als Haupttitel. Noch die zehnbändige Ausgabe ihrer *Gesammelten Werke* von 1983 firmiert als *Rahel-Bibliothek*.

Im Lauf ihres Lebens führte sie, wie viele Jüdinnen ihrer Zeit, abwechselnd oder gleichzeitig mehrere Namen. Geboren wurde sie als Rahel Levin, die auch oft Levi oder Levy genannt wurde. Nachdem ihr Bruder Lipman, der Schriftsteller wurde, den Namen Ludwig Robert, auch Robert-Tornow angenommen hatte, zeichnete sie ab 1810 als Rahel Robert. Als sie Varnhagen heiratete, der seit 1811, als er seine adelige Herkunft nachwies, Varnhagen von Ense hieß, ließ sie sich auf den Namen Antonie Friederike taufen. Sie nannte sich zeitweise Friederike Varnhagen oder Varnhagen von Ense, bevor sie ihren alten Vornamen wieder bevorzugte. Ihre erste testamentarische Verfügung unterschrieb sie 1816 mit »Rahel Antonie Friederike«. Ihre Briefe zeichnete sie im Lauf der Jahre mit »R. L.«, »R.«, »R. R.«, »R. Robert«, »Friederike Varnhagen«, »Fr. V.« oder »F. V.« und, bis zum Schluss, immer wieder einfach mit »Rahel«. Rahel wurde, durch das *Buch des Andenkens*, gewissermaßen posthum ihr Künstlername.

Das war ganz in ihrem Sinn. Dem schwedischen Diplomaten Karl Gustav von Brinckmann, mit dem sie seit Langem bekannt und befreundet war, schrieb sie 1824: »Meine Namen sind: Rahel, Antonie, Friederike; mit dem letzten unterschreibe ich alles Offizielle. Der Zug R bleibt mein Wappen.«[38] Rahel war sie auch für ihre Freunde. Einen Brief an die in London lebende Schriftstellerin Lucie Domeier unterschrieb sie 1821 mit: »Ihre Friederike Varnhagen von Ense. / Künftig R.«[39] Das war nichts anderes als das Angebot einer Freundschaft. Wer ihr Freund war oder sein wollte, sollte sie Rahel nennen.

Die verschiedenen Namen spiegeln die verschiedenen Seiten ihrer Existenz wider: ihre Rollen als Tochter, als Schwester, als Dame der Gesellschaft, als Ehefrau, als Freundin, als getaufte Jüdin und als Briefstellerin. Der erste Vorname aber bezeichnete für sie ihre Identität, ihr Selbst. Deshalb hing sie an ihm, deshalb blieb er in allem Wechsel für sie der richtige. Ihrer Schwester Rose gestand sie 1829, knapp vier Jahre vor ihrem Tod: »ich hielt mich zeitlebens für Rahel; und sonst nichts.«[40]

## *Das ›gemeine Leben‹*
## *Herkunft und Familie*

Rahel Levin war das erste Kind ihrer Eltern, das die Geburt überlebte. Ihre Mutter Chaie Levin entstammte einer jüdischen Familie aus der Nähe von Freienwalde. Ihr Vater, der ursprünglich Löb Cohen hieß, änderte seinen Namen in Levin Markus. Er arbeitete als Juwelenhändler und Bankier in Berlin und von Berlin aus. Wie viele jüdische Kaufleute machte er international Geschäfte und verlieh in einer Zeit, in der es in Preußen noch kaum ein Bankenwesen gab, auch Geld. Sein prominentester Schuldner war der Schauspieler August Wilhelm Iffland, der Direktor des Nationaltheaters in Berlin. Levin war selbst so bekannt und vermögend, dass er sich von Daniel Chodowiecki porträtieren lassen konnte. Das Porträt zeigt einen nicht mehr nach jüdischer Sitte bürgerlich gekleideten, korpulenten, lebhaft wirkenden, selbstbewusst blickenden Mann mit dunklen funkelnden Augen, der seinen Stock wie ein Zepter in der rechten Hand hält. Auch seine Kinder ließ er malen, Rahel gleich zweimal – womit er sich auch über das jüdische Bilderverbot hinwegsetzte.

Mit Levins Namen verband sich ein finanzpolitischer Skandal. Als Kommissionär hatte er, in der Zeit vor der Einführung des Papiergeldes, Münzen mit verringertem Gold- oder Silbergehalt prägen lassen. Der Betrug war politisch gewollt: Auf diese Weise finanzierte der preußische König Friedrich II. den Siebenjährigen Krieg. Zum Dank machte er Levin zu einem seiner wenigen Berliner Schutzjuden, die praktisch den Nicht-Juden gleichgestellt waren. Das volle Bürgerrecht erhielt er aber nicht. Nur einem gewährte es Friedrich II.: seinem Bankier Daniel Itzig.

Levin Markus war ein reicher Mann. Von dem Vermögen, das er verdiente, konnten noch seine Kinder im Wesentlichen leben. Er war auch der Mittelpunkt der Familie. Rahel liebte und fürchtete ihren tyrannischen Vater, dessen Lieblingskind sie war. Sie sprach später noch von seiner »Härte«.[41] Varnhagen gestand sie 1814, sie habe »eins der feinsten und starkorganisirtesten Herzen«, was man aber nicht bemerke: »weil auch mein rauher, strenger, heftiger, launenhafter, genialischer, fast toller Vater es übersah und es brach, *brach.*«[42] Ihre unglückliche Jugend hat sie oft beklagt.

Mit der tüchtigen, aber nicht liebevollen Mutter lebte sie lange zusammen, bis es 1808 zum Zerwürfnis kam und Chaie Levin aus der gemeinsamen Wohnung auszog, die dann die Tochter nicht allein halten konnte. Sie hat ihr nicht nur *einen* bitteren Brief geschrieben. Dennoch pflegte Rahel die Mutter später, als diese im Sterben lag. Sie hat mit ihr, wie sie noch spät ihrer Schwester schrieb, ihren Frieden gemacht.

Die Familie Levin gehörte um 1800 zur ersten jüdischen Gesellschaft Berlins. Sie war befreundet etwa mit den Mendelssohns und den Mendelssohn-Bartholdys und anderen Familien der kleinen jüdischen Oberschicht. Sie bewohnte ein Haus in Berlin Mitte, in der Jägerstraße, unweit des Gendarmenmarktes, gegenüber der staatlichen, von Friedrich II. eingerichteten ›Seehandlung‹: Das war das sichtbarste Zeichen ihres Wohlstands.

Rahel wurde 1771 geboren, in der Nacht zum Pfingstsonntag, am 19. Mai. Als ihr eine Freundin 1816 ein Geburtstagsgeschenk zukommen ließ, schrieb sie ihr: »Auf meine Geburtstage halte ich nicht viel, in unserm Hause durfte von keinem die Rede sein; mein Vater litt es nicht (und ich bin darin von seiner Gesinnung; die Wiederholung davon wird fade, und bei mehrern Mitgliedern in einer Familie, lästig, leer und affektirt: schickt sich gut bei Fürsten, wo alles in's Große und Feierliche getrieben werden kann, und ohnehin eine schöne Stufe höher steht, als im wirklichen, ich möchte sagen, gemeinen Leben). So habe ich niemals erfahren, welchen Tag mein Geburtstag ist; nur zufällig wußte ich, daß ich die Nacht vor Pfingsten geboren war, und so nahm ich, seit nur wenigen Jahren, dieses grüne Fest in meinen Gedanken dafür an.«[43]

Ob Rahel Levin eine formale Ausbildung genossen hat, ist nicht bekannt, aber wenig wahrscheinlich.[44] Sie hat sich oft und offenbar gern »ignorant«[45] genannt, also unwissend und ungebildet. Hannah Arendt hat sogar behauptet: »Rahel hat nichts gelernt«: »Juden konnten damals in Berlin aufwachsen wie Kinder wilder Völkerstämme.«[46] Das ist nicht nur im Hinblick auf Rahel Levin eine Übertreibung.

Rahel war weder unwissend noch ungebildet, ›wild‹ schon gar nicht. Ihre erste Sprache, ihre Mutter-Sprache, war wohl Jiddisch. Dadurch beherrschte sie auch das hebräische Alphabet und benutzte noch in späteren

Jahren die hebräische Schrift, etwa wenn sie ihrem Bruder Ludwig Vertrauliches mitteilen wollte. Im Unterschied zu ihrer Mutter lernte sie Deutsch lesen und schreiben, wenngleich nie fehlerfrei. Ihr Französisch war so gut, dass sie mit Franzosen korrespondieren und etwa Gedichte Goethes in ihre Sprache übersetzen konnte. Englisch eignete sie sich ebenfalls an, offenbar auch Italienisch, vielleicht sogar etwas Latein. Ihre Mehrsprachigkeit erlaubte es ihr später, in ihrem Salon auch ausländische Gäste zu empfangen.

Rahel hat Musik- und Klavierunterricht erhalten und ist für ihr Spiel nicht nur von ihrem Ehemann gelobt worden. Von einem Hauslehrer ließ sie sich auch in Mathematik unterrichten. Sie war literarisch und philosophisch belesen, war es allerdings wohl ohne Anleitung, ganz aus ihren eigenen Interessen heraus, »ohne Studienplan«, wie sie bemerkte.[47] Wilhelm von Humboldt hat ihre Bildung knapp und treffend charakterisiert: »Sie verdankte ihre geistige Ausbildung ganz sich selbst. Man kann nicht einmal sagen, daß der Umgang mit geistvollen Männern irgend wesentlich dazu beitrug.«[48]

Rahel Levin hatte noch vier Geschwister, drei Brüder und eine Schwester. Ein Jahr nach ihr wurde Mordechai Levin geboren, der sich später Markus Theodor Robert nannte. »Er«, nicht die ältere Schwester, hatte als Kaufmann, so Varnhagen, »das ganze Vermögen in Händen, es verwahrlost, vergeudet.«[49] Varnhagen beschuldigte den Bruder sogar, Rahel um das Erbe ihres Breslauer Onkels betrogen zu haben. Geldstreitigkeiten bestimmten immer wieder das Familienleben.

Sechs Jahre nach Markus wurde Liepman Levin geboren. Als er sich Ludwig Robert nannte, folgten seine

Geschwister ihm in der Wahl des Nachnamens, in dem die jüdische Herkunft getilgt schien. Obwohl er Schriftsteller wurde und zu Lebzeiten allerlei veröffentlichte, unter anderem Gedichte, eine Oper, Komödien und Tragödien, hat er nie die Bekanntheit seiner Schwester erreicht.

Röschen Levin, die einzige Schwester, zehn Jahre jünger als Rahel, von ihr Rose genannt, heiratete Karl Assig, einen holländischen Juristen, der sich erfolgreich für rechtliche Belange der Juden einsetzte. Sie lebte in Den Haag, Amsterdam und Brüssel. Rose hing wohl weniger an ihrer Schwester als die an ihr. Meyer Levin, der jüngste Bruder, der sich in Moritz Robert umnannte, wurde 1785 geboren. Er und Rose überlebten Rahel, er um dreizehn, sie um sieben Jahre. Markus starb 1826, Ludwig vier Jahre später.

Zeitlebens musste Rahel nicht arbeiten. Für ihren Unterhalt kam erst ihre Mutter auf, und als die ohne Testament starb, die Familie, vertreten durch ihren Bruder Markus. Nach dem Tod der Mutter erhielt sie zunächst 1.500 Taler im Jahr. Davon konnte sie gut leben. 1795 schrieb sie David Veit: »ich spare absolument kein Geld, und fahre beständig aus.«[50] Nicht nur das; sie hatte eine Theaterloge, unternahm Reisen, mietete im Sommer eine Zweitwohnung außerhalb von Berlin, in Charlottenburg, das damals noch nicht zur Stadt gehörte, und fuhr zu Kuren in berühmte böhmische Bäder wie Karlsbad und Teplitz.

Der hohe Lebensstandard blieb Rahel allerdings nicht erhalten. 1811 kürzte ihr Bruder Markus ihre Rente auf 800 Taler. Später nannte sie sich deshalb manchmal arm oder verarmt. Doch das war sie nicht. Sie hatte immer ein

Hausmädchen, lange auch einen Diener, der sie unter anderem kutschierte, zu Einkäufen und Abendspaziergängen begleitete. Weiterhin machte sie Freunden und Verwandten vielerlei Geschenke. Rahel rutschte letztlich nur von einer höheren in eine mittlere Einkommensklasse.

Ihre Einkünfte entsprachen ungefähr denen eines gut besoldeten Professors. Der von ihr verehrte Johann Gottlieb Fichte kam anfangs sogar nur auf ein Gehalt von 200 Taler, ihr Freund Friedrich Gentz brachte es als Kriegsrat im preußischen Staatsdienst auf gleichfalls 800 Taler. Als Varnhagen in den vorzeitigen Ruhestand versetzt wurde, erhielt er Bezüge von jährlich 1.500 Taler. Das war auskömmlich. Henriette Herz musste sich im Alter mit einem Drittel davon begnügen, die ihr der preußische König als Rente bewilligte. Rahels geerbtes Vermögen, das sie sich allerdings nicht auszahlen ließ, betrug am Ende noch ungefähr 20.000 Taler.

Des Öfteren ist Rahel gemalt oder gezeichnet worden, nicht nur als Kind, auch als junge Frau und als ältere. Es fällt manchmal schwer, in diesen Porträts dieselbe Person zu erkennen, auch weil sich damals Maler noch nicht zu einem strengen Realismus verpflichtet fühlten. Varnhagen, der Rahel vielleicht am besten kannte, hat sie beschrieben als »eine leichte, graziöse Gestalt, klein aber kräftig von Wuchs, von zarten und vollen Gliedern, Fuß und Hand auffallend klein; das Antlitz von reichem, schwarzen Haar umflossen, verkündete geistiges Übergewicht, die schnellen und doch festen dunklen Blicke ließen zweifeln, ob sie mehr gäben oder aufnähmen, ein leidender Ausdruck lieh den klaren Gesichtszügen eine sanfte Anmuth. Sie bewegte sich in dunkler

Kleidung fast schattenartig, aber frei und sicher, und ihre Begrüßung war so bequem als gütig. Was mich aber am überraschendsten traf, war die klangvolle, weiche, aus der innersten Seele herauftönende Stimme, und das wunderbarste Sprechen, das mir noch vorgekommen war.«[51]

Ehemänner sind nicht unbedingt die zuverlässigsten Porträtisten ihrer Frauen. Rahel selbst hätte auch in diesem Fall ein anderes Bild von sich entworfen. So hat sie sich etwa wiederholt entschieden als »nicht hübsch«[52] und »nicht graziös«[53] beschrieben. So weit kann man allerdings Varnhagen in jedem Fall Glauben schenken: dass Rahel klein und doch eine auffallende Erscheinung war, dunkle Augen, schwarze Haare und eine klangvolle Stimme hatte und meist geschmackvoll gekleidet war. Im Alter verschlechterte sich ihre Haltung, aber weiterhin bezauberte sie die Menschen, sobald sie sprach.

## *Der allgemeine »Weltverkehr«*
## *Rahels Zeit*

Rahel lebte in einer bewegten Zeit, einer Zeit epochaler Umbrüche, die nicht nur Deutschland, sondern Europa erschütterten. Sie war, nicht weiter ungewöhnlich für Frauen der besseren Gesellschaft, lange kein politisch denkender Mensch. Ihre Freunde, überhaupt ihren Umgang wählte sie nach anderen Gesichtspunkten aus. Der kleinen wie der großen Politik schenkte sie nicht viel Aufmerksamkeit, bis sie auch in ihr Leben eingriff. Erst spät bildete sie sich ihre Meinungen zu dem, was um sie herum in der Welt geschah.

Sie war 18, als die Französische Revolution ausbrach. Die scheint in ihrem Leben kein Datum gewesen zu sein. Ihre Briefe verraten keine besondere Teilnahme an den revolutionären Ereignissen und ihren Folgen nicht nur für Frankreich. Erst der Juli-Revolution von 1830 brachte sie mehr Aufmerksamkeit entgegen. Lange fanden auch die Kriege, die sich im Gefolge der Französischen Revolution über Europa ausbreiteten, kaum ihr Interesse. 1806 aber rückte der Krieg auf einmal ganz nah heran, als das preußische Heer in der Schlacht bei Jena und Auerstedt vernichtend geschlagen wurde und die französischen Truppen unter Napoleon 13 Tage später in Berlin einmarschierten.

Die Folgen der preußischen Niederlage spürte auch Rahel – als finanzielle Einschränkungen. Die Geschäfte ihrer Familie gingen schlechter, hohe Steuern drückten auch sie. Ihre Einkünfte wurden deshalb von ihrem Bruder Markus gekürzt. Den Besatzern stand Rahel nicht feindselig gegenüber. Zur Franzosenhasserin wurde sie, entgegen dem Zeitgeist, auch später nicht. Gäste aus Paris, selbst Offiziere, waren ihr weiterhin willkommen. Mit einigen befreundete sie sich dauerhaft, etwa mit Henri de Campan, der Militärrichter in Berlin gewesen war, oder mit dem Marquis Adolphe de Custine, den sie in Wien kennenlernte. Französische Kultur und Literatur standen bei Rahel in hohem Ansehen.

1808 lernte sie, nach zwei unglücklichen Liebesverhältnissen, von denen noch ausführlicher die Rede sein wird, den 14 Jahre jüngeren Karl August Varnhagen kennen, der schon im folgenden Jahr in den Krieg zog. Die 1806 begonnenen preußischen ›Reformen von oben‹ unter den leitenden Ministern Stein und Hardenberg nahm Rahel wahr. Die Gründung der Berliner Universität, das Werk ihres Bekannten Wilhelm von Humboldt, gab ihr die Gelegenheit, Vorlesungen vor allem Fichtes zu hören, den sie als ihren philosophischen Lehrer ansah: »mein lieber Herr und Meister«[54]. Friedrich Schleiermacher, von 1796 bis 1802 Prediger an der Charité, dann seit 1810 Theologieprofessor an der Universität, verkehrte bei Rahel, ebenso der Klassische Philologe Friedrich August Wolf, selbst Hegel lernte sie kennen. Auch das Judenedikt von 1812, das als Teil der Reformen den preußischen Juden die rechtliche Gleichstellung brachte, kam ihr zugute. Sie kommentierte es allerdings so wenig wie, lange Zeit, antisemitische Äußerungen selbst in ihrer nächsten Umgebung.

Als nach dem Scheitern des russischen Feldzuges die

Franzosen Berlin räumten, verließ Rahel im Mai 1813, aus Furcht vor Kämpfen, die Stadt. In Prag wurde sie von der Schauspielerin Auguste Brede aufgenommen. Sie sammelte unermüdlich Geld für die Versorgung von Verwundeten aller Nationen und organisierte, zusammen mit anderen Damen, Hilfsleistungen verschiedener Art. Dabei verausgabte sie sich, erlitt einen körperlichen Zusammenbruch und erkrankte im Winter an Rheuma.

Als der Befreiungskrieg gegen Napoleon begann, schloss sich Varnhagen gleich im März 1813 der Armee des mit Preußen verbündeten Russland an. Nach dem Sieg der Alliierten und dem Frieden von Paris heirateten Rahel und er im September 1814. Varnhagen reiste gleich danach im Gefolge des preußischen Kanzlers Hardenberg zum Wiener Kongress, Rahel folgte ihm bald und blieb bis zum August des folgenden Jahres in Wien. Den Kongress hat sie als gesellschaftliches Ereignis miterlebt – über Varnhagen wohl aber auch als politisches. Nach dem Ende des Kongresses wartete sie in Frankfurt auf ihren Mann, dessen weitere Verwendung nicht geklärt war. Als er in den diplomatischen Dienst aufgenommen und zum preußischen Geschäftsträger in Baden ernannt wurde, zog das Paar nach Karlsruhe, wo Rahel wieder einige gesellschaftliche Aktivitäten entfaltete.

Im Sommer 1819 wurde Varnhagen ohne Begründung abberufen. Wenig später kam es auch in Karlsruhe zu antisemitischen Ausschreitungen, die Rahel entsetzten. Im Oktober kehrte sie mit ihrem Mann nach Berlin zurück. Sie blieb in ihrer Heimatstadt, abgesehen von Urlaubs- und Kuraufenthalten, selbst als im September 1831 die Cholera Berlin erreichte, bis zu ihrem Tod am 7. März 1833.

## *Die »Dachstube« Der erste Salon*

Rahel Levin wäre der Nachwelt kaum ein Name gewesen, hätte sie nicht irgendwann begonnen, vor allem am Abend nach dem Theater Gäste zu empfangen. Das war in ihrer Familie nicht ungewöhnlich. In deren Wohnung gab es im ersten Obergeschoss einen Salon, in dem kleine Gesellschaften stattfanden. Dort begrüßte der Vater oft auch seine nicht selten adeligen Kunden, an die er diskret Kredite vergab. Dort lernte Rahel wohl auch erstmals Vertreter der noblen nicht-jüdischen Welt Berlins kennen. Das offene Haus, das ihr Vater führte, dürfte ihren gesellschaftlichen Ehrgeiz geweckt haben.

In Berlin entstand während des 18. Jahrhunderts eine Reihe von privaten Geselligkeiten, durchweg für Männer. Sie nannten sich Clubs oder Gesellschaften und waren Orte der Diskussion vor allem über kulturelle Themen, manche waren auch nur Lesezirkel. Zu ihnen kamen am Ende des Jahrhunderts Geselligkeiten hinzu, die bei meist verheirateten Frauen stattfanden. Die bekanntesten waren zwei Jüdinnen: Henriette Herz, die Frau des Arztes Marcus Herz, und die ledige Rahel Levin.

Irgendwann hat man sich angewöhnt, die Zusammenkünfte bei ihnen als Salons zu bezeichnen. Der Begriff ist aus verschiedenen Gründen nicht unproblematisch – nicht nur, weil er mal einen Raum und mal die

Zusammenkunft in ihm bezeichnet. Die sogenannten Salonièren haben sich selbst »nie so genannt«.[55] Auch eine Verbindung zu den berühmten Pariser Salons, etwa der Madame Necker und ihrer noch berühmteren Tochter, der Madame de Staël, hat es kaum gegeben.[56] Rahel hat allerdings zumindest den von Diderots Tochter, Madame Vandeul, während ihres Aufenthalts in Paris kennengelernt.

Für die Berliner Gastgeberinnen waren diese exklusiven Salons nicht unbedingt Modelle, an denen sie sich orientierten. Sie wollten es zumeist sogar anders machen als die französischen, aber auch die deutschen Adeligen. 1817 schrieb Rahel ihrer Schwester Rose anspielungsreich aus Karlsruhe, dass sie noch immer Gesellschaft liebe – »aber freie; wie unsere war«[57], also keine förmliche, wie sie etwa in Residenzstädten üblich war.

Bei Rahel war das schon äußerlich zu erkennen. Sie hat ihre Gäste irgendwann seltener im Gesellschaftszimmer der Familie empfangen als in ihrem Zimmer unterm Dach: der legendär gewordenen »Dachstube«.[58] Ihr ›Salon‹ war eine Mansarde, eine »einfach möblierte« noch dazu.[59] Das war keine Frage des Geldes, eher des Lebensstiles und, vor allem, der Geselligkeitskultur. Die junge Rahel wollte ihre Gäste nicht zu einem Diner zusammenbringen. Bei ihr wurde allenfalls Tee gereicht, weshalb sie auch gelegentlich von ihrem »Theetisch«[60] sprach.

Es gab in Berlin nicht viele dieser Salons, ungefähr ein Dutzend, die meisten wurden von Jüdinnen geführt. Ihr Ruf war schon zu ihrer Zeit groß und ist es bis heute geblieben. Ihre Faszination beruht wesentlich auf dem gesellschaftlichen und kulturellen Glanz, der sie umgibt.

Die Salons waren ein Ort zwischen Privatsphäre und Öffentlichkeit, gewissermaßen eine kleine Öffentlichkeit oder eine nach außen geöffnete, durchlässige Privatsphäre. Die Gäste waren erlesen, aber nicht ausgesucht. Einladungen wurden nicht verschickt, jeder, dem danach war, konnte sich einfinden. Nicht wenige brachten Freunde oder Bekannte mit. So vergrößerte sich schnell der Kreis der Besucher.

Auffällig, weil neuartig war die soziale Zusammensetzung der Gesellschaften. Sowohl Männer als auch Frauen suchten die Salons auf, wenngleich insgesamt mehr Männer und mehr jüngere als alte. Obwohl die meisten von ihnen Bürger waren, stellten doch die Adeligen eine bemerkenswert große Gruppe. Juden waren gleichfalls, verglichen mit ihrem Anteil an der Berliner Bevölkerung, überrepräsentiert, bildeten aber dennoch die kleinste Gruppe.

Die ›Idee‹ dieser Geselligkeiten hat Jürgen Habermas konzis beschrieben. Sie gründeten nicht auf dem »sozialen Status« der Teilnehmer. Von ihm sah man vielmehr ab. »Gegen das Zeremoniell der Ränge setzt sich tendenziell der Takt der Ebenbürtigkeit durch [...]. Die Parität, auf deren Basis allein die Autorität des Arguments gegen die der sozialen Hierarchie sich behaupten und am Ende auch durchsetzen kann, meint im Selbstverständnis die Parität des ›bloß Menschlichen‹.«[61]

Ebenbürtig waren die Besucher – oder sollten es sein – als Individuen. Der Salon stellte, nach Hannah Arendt, »einen sozial neutralen Raum« dar, »in dem sich alle Stände treffen und wo von jedem als Selbstverständliches verlangt wird, daß er ein einzelner sei«[62]: ein Mensch eigenen Rechts.

Die Salons hatten eine wichtige kulturelle Funktion, zumal in einer Zeit, als Berlin noch keine Universität besaß, öffentliche Lesungen und Vorträge weitgehend unbekannt waren und das Zeitungswesen sich erst noch entwickelte. Die Salons wurden in dieser Situation ein wichtiger Teil des intellektuellen und des literarischen Lebens. Schriftsteller stellten einen nicht zu übersehenden Teil der Besucher. Literatur war, ebenso wie Philosophie, immer wieder Gegenstand des Gesprächs; besonders neue Bücher und Zeitschriften kursierten, man verlieh sie untereinander. Gelegentlich wurde auch aus Manuskripten vorgelesen – was die gesprächsbereite Rahel allerdings nicht besonders schätzte.

Den Salons kamen aber auch soziale Funktionen zu. Als Orte der Begegnung der Geschlechter wurden sie schnell ein Heirats- und Paarungsmarkt. Jungen Männern, gerade bürgerlichen, dienten sie zudem dazu, Kontakte herzustellen, die ihnen beruflich von Nutzen sein konnten und es auch oft waren. Schließlich kam es in den Salons zu einer bislang ungekannten Begegnung zwischen Adeligen und Juden: Adeligen, soweit sie intellektuell interessiert waren und auch urban lebten, sich also vom traditionell provinziellen Junkertum entfernt hatten; und Juden, sofern sie sich weltlich orientierten und sich nicht-jüdische deutsche Kultur zu eigen machen wollten. Diese Begegnung hatte weitreichende Folgen, gerade für die Frauen. Die meisten Salonièren, auch Rahel, konvertierten und gingen Mischehen ein, nicht zuletzt mit Adeligen. Der Salon wurde zum Ort der Assimilation auf hohem gesellschaftlichen Niveau.

Den Mittelpunkt der Gesellschaften bildeten, wie

offensichtlich auch immer, die Gastgeberinnen. Das gilt in besonderer Weise für die junge Rahel Levin. Warum das so war, kann man nur vermuten. Eine »Theorie des geselligen Betragens« hat wohl einer ihrer Besucher geschrieben, Friedrich Schleiermacher – der allerdings den Salon der Henriette Herz vorzog –, aber eben nicht die Gastgeberin. Nicht einmal aus Rahels Briefen, in denen sie sonst fast alles ansprach, was in ihrem Leben vorging, lässt sich viel über die Abende in ihrer Dachstube erfahren.

Allerdings liegt es in der Natur solcher Geselligkeiten, dass sie flüchtig sind. In ihnen wird gesprochen; was man sagt, wird in der Regel nicht aufgeschrieben. Es wird nicht protokolliert, wer wann da war, wer was zu welchem Thema geäußert hat. So weiß man im Nachhinein wenig Genaues über diese Zusammenkünfte – und, was man erfährt, immer nur aus den Erinnerungen Einzelner, die nicht unbedingt zutreffend sein müssen.

Aus Rahels Salons überliefert sind vor allem einzelne Aussprüche, die sie getan hat. Teils hat sie sie selbst festgehalten, teils Varnhagen, teils auch ihr Freund Karl Gustav von Brinckmann, der damit den Anfang gemacht zu haben scheint. Seine Aufzeichnungen sind jedoch nicht unbedingt authentisch.[63] Zudem geben sie eher einen Eindruck von Rahels »Redekunst«[64] als von ihrer Gesprächskunst.

Hugo von Salm, einem ihrer Besucher, ist es vielleicht am besten gelungen, die junge Rahel als Gastgeberin zu charakterisieren: »Am merkwürdigsten war Demoiselle Levin selbst. Mit welcher Freiheit und Grazie wußte sie um sich her anzuregen, zu erhellen, zu erwärmen. Man vermochte ihrer Munterkeit nicht zu widerstehen. Und was sagte sie Alles? Ich fühlte mich wie im Wirbel herumgedreht, und konnte nicht mehr unterscheiden, was in ihren wunderbaren, unerwarteten Äußerungen Witz, Tiefsinn, Gutdenken, Genie oder Sonderbarkeit und Grille war. Kolossale Sprüche hörte ich von ihr, wahre Inspirationen, oft in wenig Worten, die wie Blitze durch die Luft fuhren und das innerste Herz trafen.«[65]

Durch den raschen Wechsel der Themen kam Langeweile nicht auf, und jeder konnte zu Wort kommen – was wiederum verhinderte, dass einer es an sich riss. Karl Gustav von Brinckmann hat darüber hinaus Rahels Kunst erwähnt, »jedes Mitglied« des Salons »noch mehr geltend zu machen«, »als worauf er selbst hätte Ansprüche machen können.«[66]

Zweifellos war Rahel eine außerordentliche Gastgeberin. Günter de Bruyn meinte zwar, sie habe einfach nicht allein sein können,[67] doch das dürfte kaum schon alles gewesen sein. Rahel war gesellig. Hannah Arendt bescheinigte ihr »einen ungeheuren Menschenhunger.«[68] Rahel selbst erklärte sich 1809 Friedrich de la Motte-Fouqué so: »Menschen locken, rühren, und reizen mich.«[69] Sie war in der Tat eine Menschenfreundin: »Ich weiß gar nicht«, notierte sie im Mai 1807, »wie man ein Misanthrop sein kann?!«[70] Deshalb ließ sie Fouqué auch wissen: »der Inbegriff von allem für Menschen ist menschlicher Umgang.«[71] Und ihren jungen Freund Alexander von der Marwitz beschied sie: »es ist doch nichts interessanter, als ein Mensch, dem Menschen.«[72] Sie brachte deshalb allen Gästen Wohlwollen entgegen. Ihre »Geselligkeit«, schrieb sie Jahre später an Varnhagen, sich selber lobend, sei »n i c h t s als Güte.«[73]

Als Gastgeberin war Rahel aufmerksam; sie war geistesgegenwärtig und konnte sich auch in Gesellschaft konzentrieren. Sie war bereit, zuzuhören, gleichwohl schlagfertig und beeindruckte durch eigene Gedanken. Im Unterschied zu Henriette Herz galt sie nicht als besichtigenswerte Schönheit. Sie war aber eine bemerkenswerte Persönlichkeit: ein ganz eigener Mensch mit eigener Sprache und eigenen Gedanken.

Rahel selbst war überzeugt davon, dass sie einfach für Geselligkeit begabt sei. So schrieb sie es Clemens Brentano 1813: »Ich liebe unendlich Gesellschaft und von je, und bin ganz davon überzeugt, daß ich dazu gebohren, von der Natur bestimmt und ausgerüstet bin. Ich habe unendliche Gegenwart und Schnelligkeit des Geistes um aufzufassen um zu antworten, zu behandlen. Großen Sinn für Naturen und alle Verhältnisse, verstehe Scherz und Ernst und kein Gegenstand ist mir bis zur Ungeschicklichkeit fremd, der dort vorkommen kann. Ich bin bescheiden und gebe mich preis durch Sprechen und kann sehr lange schweigen und liebe alles Menschliche, *dulde* beynah *alle* Menschen.«[74]

Es ist wohl kein Zufall, dass Rahel sich gerade Brentano so erklärte. Er war einer ihrer schwierigsten Freunde – wenn er ein Freund war. Ihrer beider Beziehung war wechselhaft, mehr von seiner als von ihrer Seite aus. An ihm unter anderem bewies sie, dass sie tatsächlich beinahe alle Menschen duldete.

Der getaufte Katholik lehnte Juden ab – was später auch Varnhagen erfahren hat. Über Rahels Salon äußerte er sich gelegentlich herablassend: »ich habe die Sache bereits erschöpft, wenn ich sage, daß es dort langweilig ist.«[75] Er empfand ihn als eine »Sudelküche des Gesprächs«, die Gastgeberin, »ordentlich klein, aber graziös«, erlaube »dem Gespräch jede Wendung bis zur Unart, bei welcher sie jedoch nur lächelt, sie selbst ist äußerst gutmüthig und doch schlagend witzig.«[76] Brentano und sein Freund und Schwager Achim von Arnim gründeten 1811 ihren eigenen Club, die »Christlich-Deutsche Tischgesellschaft«, zu dem nur Männer und Nicht-Juden Zutritt hatten. Im Namen einer romantischen Kritik am Philistertum war er offenbar als Gegenentwurf zu den Salons der jüdischen Gastgeberinnen angelegt.

Nicht von ungefähr lehnte Brentano Rahel als Salonière ab. Der jüdische Salon, so Hannah Arendt, war »der soziale Raum außerhalb der Gesellschaft, und Rahels Dachstube stand noch einmal außerhalb der Konventionen und Gepflogenheiten auch des jüdischen Salons.«[77] In ihm ging es am freiesten zu. Bei Rahel, schreibt de Bruyn, suchte man »gerade das Unkonventionelle«.[78]

Sie wollte aber nicht um jeden Preis unkonventionell erscheinen. In ihrem Salon sollte vielmehr ›menschlicher Umgang‹ herrschen. Das hieß nicht nur, dass sie auf Förmlichkeit und Konvention, die sie kaum erlernt hatte, wenig Wert legte. Von sich bekannte Rahel ihrem Freund Karl Gustav von Brinckmann, dass sie »erst die Rechte, nämlich die wahre«, sei, »wenn ich so aus Grund meines Herzens spreche.«[79] Das erwartete sie auch von anderen. Nicht formelle Konversation wurde in ihrem Salon gepflegt, sondern das Gespräch – von dem sie zumindest immer hoffte, dass es offen und aufrichtig sei. 1824 schrieb sie dazu: »Am Ende kann man gar kein Gespräch mehr erdulden, was sich nur auf der Peripherie herum treibt; man muß aus dem Centrum sprechen.«[80] Im Gespräch glaubte Rahel, als Mensch andere Menschen erreichen zu können. Und so, als Menschen, sollten sie sich auch im Gespräch zeigen. »Im Salon«, schreibt Hannah Arendt, »treffen sich die, welche gelernt haben, im Gespräch darzustellen, was sie sind.«[81] Rahels Salons scheinen nicht zuletzt aus diesem Grund ein Höhepunkt in der Geschichte der Gesprächskultur[82] gewesen zu sein.

Der für Öffentlichkeit kennzeichnende Streit der politischen Parteien war allerdings auch in ihnen weitgehend ausgeschlossen. Rahel wollte menschliche Geselligkeit einvernehmlich, am liebsten harmonisch. Ihrem Bruder Markus schrieb sie 1814: »Die Gesellschaft war mir von je die Hälfte des Lebens. Weil ich richtig fühlte, was sie sein sollte: der sich bewußte, behagliche Verein im Genuß und Weiterbringen alles menschlich schon Geleisteten.«[83]

»Kampf« wollte Rahel aus diesem »Bildungskreis, wo Natur und Geistesausbeute sich durchdrungen haben«[84], heraushalten. Ihre Dachstube sollte kein Ort der Auseinandersetzung, sondern der Begegnung und Verbindung sein. Dabei mag psychologisch auch eine Rolle gespielt haben, dass sie selbst, als Jüdin in einer nicht-jüdischen Umgebung lebend, insgeheim Angst vor Ausgrenzung hatte.

Die Dachstube sollte ein Ort der Kommunikation in einem starken Sinn sein. Man war nicht nur einfach zur selben Zeit am selben Ort. Die Begegnung sollte zur Annäherung führen, in der man sich dessen vergewisserte, was einen miteinander verband, zumindest mehr verband als trennte. Rahel wollte Gesellschaft durch Geselligkeit befestigen, ja neu begründen. In diesem Unterfangen steckt ein leiser Anklang an Schillers berühmten Vers »alle Menschen werden Brüder« aus seiner von Beethoven vertonten *Ode an die Freude*. Ganz so weit wäre Rahel vielleicht nicht gegangen. Aber ein paar vorderhand ganz verschiedene Menschen wollte sie, wenn nicht zu Brüdern, so doch wenigstens zu Freunden machen.

Kennzeichnend auch für Rahels Salons war der »Umgang mit allen Ständen«[85], wie es David Veit formulierte. Eine Auswahl traf sie nicht. Das haben ihr manche vorgeworfen, zu ihrer Zeit etwa Schleiermacher und Wilhelm von Humboldt, später auch Hannah Arendt. Dabei liegt auf der Hand, worum es Rahel ging: nämlich das adelige Prinzip gesellschaftlicher Exklusivität nicht zu übernehmen, vielmehr die auch von ihrem Stand her unterschiedlichsten Menschen zuzulassen. Nur so glaubte sie zudem, umfassende Menschenkenntnis gewinnen zu können.

Tatsächlich war es eine bunte Gesellschaft, die sich bei Rahel traf – und bunt sollte sie sein. Zu ihr gehörten Schauspielerinnen wie Friederieke Unzelmann, Schriftsteller wie Friedrich Schlegel und Friedrich de la Motte-Fouqué, Gelehrte wie August Wilhelm Schlegel, Intellektuelle wie die Brüder Humboldt und ein Bildhauer wie Friedrich Tieck, der Bruder des Dichters. Einer der schillerndsten Besucher war Friedrich Gentz, Jurist und Publizist, Schüler Kants, erst preußischer Kriegsrat, später enger Mitarbeiter Metternichs. Er war geistreich und zwielichtig, wohl auch korrupt. Ein zeitweise glühender Verehrer Rahels, bedauerte er es später in einem Brief an sie, sie nicht verführt zu haben. Der prominenteste Salon-Besucher aber war Prinz Louis Ferdinand, ein

Neffe des von Rahel verehrten Friedrich II., wie Gentz ein Frauenheld und schwieriger Charakter, dessen größtes Talent, neben der Verschwendung bedeutender Mittel, das Klavierspiel war. Rahel wurde seine Vertraute – wohl auch, weil sie ihm ihre Art des Umgangs, selbst mit einem Prinzen, klarmachte: »wenn ich Ihnen die Wahrheit nicht sagen soll, so hab' ich Ihnen gleich gar nichts zu sagen; dies ist unser einzig Verhältniß.«[86]

Weitere adelige Mitglieder waren Karl Gustav von Brinckmann, schwedischer Diplomat und flotter Schreiber oft nur kurzer Briefe, der Rahel im Anfang viele adelige Besucher zuführte; der ungebunden lebende, weltmännische und an allem Geistigen interessierte Wilhelm von Burgsdorff, ein alter Freund der Brüder Tieck; und der streitlustige Offizier Peter von Gualtieri, Adjutant König Friedrich Wilhelms III.

Von Rahels Familie scheint ihr Bruder Ludwig regelmäßig an den Geselligkeiten teilgenommen zu haben, von ihren Freundinnen vor allem Nettchen Markuse, Sarah Meyer, später, als verheiratete Frau von Grotthuß, selbst Salondame, und zwei Töchter von Moses Mendelssohn, Brendel, die spätere Dorothea Schlegel, und Henriette. Auch auswärtige Besucher schauten manchmal vorbei, so Jean Paul und Ludwig Tieck, mitunter auch Heinrich von Kleist in den beiden Jahren vor seinem Tod, die er in Berlin verbrachte.

Unter den Mitgliedern des Salons entwickelten sich verschiedene Liebesbeziehungen, deren Mittelpunkt Rahels Freundin Pauline César, verheiratete Wiesel war. Nacheinander war sie die Geliebte u. a. von Gentz und Louis Ferdinand, mit dem sie dann auch bis zu seinem frühen Tod zusammenlebte. Caroline, die Frau Wilhelm von Humboldts, hatte eine Affäre mit Burgsdorff, der wiederum auch eine mit Ludwig Tiecks Frau hatte, allerdings in Dresden. Friedrich Gentz bandelte noch mit der Schauspielerin Christel Eigensatz an. Als Ort sexueller Freizügigkeit wurden die Salons berühmt und berüchtigt, auch wenn ihre Gastgeberinnen, wie Rahel, sich an dem Liebesreigen nicht unbedingt beteiligten.

Die Berliner Salons, der Rahels eingeschlossen, stehen im Schnittpunkt zweier Emanzipationsbewegungen: der der Frauen und der der Juden. Frauen wurden durch sie für eine Zeit der fortschrittlichste Teil des Judentums[87] – zumindest aus nicht-jüdischer Sicht, die allerdings auch von manchen, wenngleich konvertierten Juden wie Börne und Heine geteilt wurde. Im Übrigen sind die Salons ohne die rasche Urbanisierung Berlins nicht denkbar. Auch sonst gehören sie erkennbar in eine Zeit des gesellschaftlichen und geschichtlichen Übergangs, dessen Ausgang sich manche allerdings anders vorgestellt hatten.

Mit der Niederlage Preußens im Krieg gegen Frankreich und der Besetzung Berlins durch die napoleonische Armee war die Zeit der jüdischen Salons vorbei. Viele Teilnehmer verließen, freiwillig oder notgedrungen, Berlin. An Karl Gustav von Brinckmann, der inzwischen selbst dem preußischen Hof nach Königsberg gefolgt war, schrieb Rahel Anfang Januar 1808: »Bei meinem ›Theetisch‹, wie Sie es nennen, sitze nur ich mit Wörterbüchern; Thee wird gar nicht bei mir gemacht, außer alle acht oder zehn Tage, wenn sich Schack, der mich nicht verlassen hat, welchen fordert.«[88]

Wirtschaftlich schwierige Jahre begannen auch für die Damen der jüdischen Oberschicht. Nach dem Wiener Kongress setzte die Reaktion ein; Emanzipation, welcher Bevölkerungsgruppen auch immer, stand nicht mehr auf der politischen Agenda. Eine neue Welle des Antisemitismus kam bald auf, begünstigt durch den Nationalismus, der sich in den Befreiungskriegen gebildet hatte. Von der Kultur der Salons drang wenig, wenn überhaupt etwas, in die sich neu formierende preußische Gesellschaft.

Letztlich scheinen sie weder die Emanzipation der Frauen noch die der Juden wesentlich vorangebracht zu haben. Auch in ihnen, sogar in dem Rahels, verkehrten Antisemiten. Mancher verriet seine alten politischen Überzeugungen, am spektakulärsten wohl Gentz, der vom Anhänger der Französischen Revolution zu einer treibenden Kraft der Reaktion mutierte. Das fortschrittliche Frauenbild der Früh-Romantiker vermochte sich unter den neuen politischen und sozialen Bedingungen nicht zu behaupten.

Die Salondamen konnten von ihrem Ansehen später nicht unbedingt profitieren. Keine fand dauerhaft ein neues gesellschaftliches oder gar berufliches Tätigkeitsfeld, das ihr angemessen gewesen wäre. Henriette Herz musste ihren Salon nach dem Tod ihres Mannes nach und nach aufgeben, vermietete Zimmer, unterrichtete Kinder und lebte im Alter von der staatlichen Rente, die ihr Alexander von Humboldt vermittelte. Rahel floh vor den Kriegswirren 1813 nach Prag. Hätte sie nicht geheiratet, wäre sie nach ihrer Rückkehr vielleicht nicht mehr in der Lage gewesen, einen Salon zu führen. Ihre Dachstube jedenfalls hatte sie längst verlassen müssen.

Aber kann die Bedeutung der Salons auf diese Weise gerecht beurteilt werden? Rahel Levin hatte kein politisches Konzept, konnte also politisch auch kaum scheitern. Die Politik war ihrer Geselligkeitskultur allenfalls mal günstig und mal ungünstig. Auch für Wandlungen ihrer Besucher kann man sie nicht haftbar machen. Die Dachstube war kein Raum der Erziehung. Dennoch mag Rahel in anderer, vielleicht für sie viel wichtigerer Hinsicht gescheitert sein. Der Salon als Ort einer Geselligkeit, die nicht an »Rang, Geschlecht und Religion«[89] gebunden ist, zumindest durch sie nicht eingeschränkt wird, ist ein freier Raum, in dem Angehörige verschiedener sozialer Gruppen sich als Menschen kennenlernen können. Er ist allerdings angewiesen auf die richtigen Personen. Mit ihnen steht und fällt die Idee.

Rahel hatte später Zweifel, ob man sie richtig verstanden und angenommen hatte. 1817 etwa schrieb sie Varnhagen über ihre alten Bekannten und Freunde: »sie lieben mich gar nicht: ich entgehe ihnen ganz: ich bin ihnen durch Güte, und Übersicht ihrer, und nur so hinzunehmenden deutlichen Vortrag, durch Freundlichkeit und Prätensionslosigkeit zu bequem; und gar nicht wie da! Werden sie mich aber gewahr, so hassen sie mich ehr. Ein Wahrhaftiger, ist fast so verhaßt, als Wahrheiten: so lange ich mit meinem Generalisiren ihnen Beleg für ihre Wünsche, kleine Leidenschaften, und Geschichten gebe, ist es ihnen recht, und sie meinen, sie hätten die Gründe der Rechtmäßigkeit dazu mit den Begierden, so obenein gefunden; widersprechen ihnen einmal diese Gründe, so bin ich ihnen fatal, als unbequemer Rebell, der ungebeten auch da ist.«[90]

Rahels Klage lässt erkennen, dass ihre gesellschaftlichen Bemühungen auch einen moralischen und einen emotionalen Aspekt hatten: in der Verpflichtung auf Wahrheit und Liebe im menschlichen Umgang nämlich. Beides glaubte sie nicht erreicht zu haben.

Sie hatte möglicherweise mehr Grund zu dieser Einschätzung, als sie ahnte. Brentano blieb ihr gegenüber bestenfalls ambivalent, Caroline von Humboldt, die langjährige Duz-Freundin, ging während ihrer gemeinsamen Zeit in Frankfurt auf Abstand zu ihr, Gentz verleugnete sie, als sie sich in Prag wieder trafen, Wilhelm von Humboldt äußerte sich abfällig über sie, Ludwig Tieck sogar antisemitisch, ohne dass sie davon erfuhr.

Rahel mag sich über den Charakter mancher ihrer Besucher getäuscht haben. Das Problem, das sich ihr stellte, ist aber nicht nur psychologischer Art. Im Salon ließ sich zwar über Wohlwollen und Freundlichkeit Geselligkeit herstellen, aber andere soziale Zusammenhänge konnten über ihn nicht neu begründet werden. Er blieb ein exterritorialer Raum, der zum gesellschaftlichen Modell nur begrenzt taugte. Zumindest im Nachhinein muss es auch so erscheinen, dass das Ideal der Persönlichkeits-Bildung, das mit ihm verbunden war, manch einen nicht vor politischen Irrtümern und ideologischen Irrwegen bewahrte.

Das Resümee einiger Historiker fällt deshalb nüchtern aus. Deborah Hertz etwa beschreibt die jüdischen Salonièren am Ende als Verlierer der Geschichte: »Die gebildete jüdische Frau verlor mit dem Salon eine Bühne, auf der sie sich intellektuell hervortun und mit einflußreichen Herren verkehren konnte. Sie verlor als Jüdin, nachdem die Emanzipation als religiöse und politische Reform definiert wurde und nicht länger als soziale Integration. Sie verlor als Literatin, da sich die literarische Szene veränderte. Und in den kulturell angepaßten Kreisen der Juden verlor sie, da jüdische Männer die gewaltige Aufgabe übernommen hatten, den deutschen Juden die Grundlagen für ein neues Leben zu gestalten.«[91]

## *Die »ganze Welt«*
## *Rahels Reisen*

Rahel war Berlinerin: In Berlin ist sie geboren und gestorben, in Berlin hat sie sich zuerst einen Namen gemacht, mit ihrem Salon in der Dachstube. Gewohnt hat sie in verschiedenen Straßen, immer im Zentrum, was der Erreichbarkeit ihrer Salons zugute kam. Ihr Geburtshaus lag in der Spandauerstraße 26, später zog die Familie in die Jägerstraße 54. Dort gründete Rahel ihren ersten Salon. Nach dem Zerwürfnis mit ihrer Mutter nahm sie 1808 erst eine Wohnung in der Charlottenstraße 22, dann 1810 in der Behrenstraße 48. Ab 1819 wohnte sie mit Varnhagen in der Französischen Straße 20, schließlich ab 1827 zur Miete in einem Palais in der Mauerstraße 36, unweit von Gendarmenmarkt, Tiergarten und Unter den Linden. Eine Seitenstraße der Friedrichstraße ist heute nach ihr benannt.

Rahel war eine Lokalpatriotin, die sich gern auf ihr »märkisches Herz«[92] berief. Gleichwohl hat sie, nicht immer freiwillig, in ihrem Leben einige große Reisen unternommen. Die »ganze Welt«[93] hat sie nicht gesehen, aber doch einen Teil: Böhmen, Österreich, Frankreich und Holland. Im Sommer 1793 besuchte sie, auf ihrer ersten großen Reise, ihre Verwandten in Breslau. Später pflegte sie in den Sommermonaten zu Kuren nach Böhmen aufzubrechen, nach Karlsbad und, lieber noch, nach Töplitz, wie man es in ihrer Zeit nannte, oder Teplitz, wie es später hieß, das heutige Teplice. Schon das waren Reisen unterschiedlicher Art.

In Breslau besuchte Rahel die Familie ihres Onkels und kam durch sie erstmals mit dem orthodoxen Judentum in Kontakt. Hannah Arendt hat diese Begegnung als ein für Rahel einschneidendes Erlebnis angesehen.[94] Allerdings hat es sie nicht zum traditionellen Judentum zurückgeführt. In den böhmischen Bädern begegnete sie dagegen der mondänen Gesellschaft. In Karlsbad traf sie auch das erste Mal auf Goethe.

Dreimal hat Rahel Berlin für längere Zeit verlassen und in anderen großen Städten gelebt. Im Juli 1800 begleitete sie die schwangere Gräfin von Schlabrendorf zur Geburt ihres unehelichen Kindes nach Paris und blieb dort bis Anfang des nächsten Jahres. Durch ihre unglückliche Liebesbeziehung zu dem märkischen Adeligen Karl von Finckenstein, die sie nach fast vier Jahren aufgelöst hatte, war sie in eine Krise geraten. Ihrer Freundin Wilhelmine von Boye schrieb sie: »Ich reise nun mit der Schlabrendorf. Siehst du, ich, die nie wollte, habe weichen müssen. Ich muß alles, was ich kenne, was ich liebe, was mich ärgert und kränkt, reizt und freut, verlassen! – Um nichts. In keiner Hoffnung. Es ist eine Art Tod. Das Schmerzliche davon ist: das Schreckliche und Erhabene davon hat es nur nicht. Sterben muß ich: aber todt werd' ich nicht sein.«[95]

Den Aufenthalt in Paris scheint Rahel, vielleicht aus dieser niedergedrückten Stimmung heraus, nicht sehr genossen zu haben. Eine »Unglücks-Seele«[96] nannte sie sich noch im November. Ihr Resümee über das Pariser

Leben gegen Ende ihres Aufenthalts lautete, wiederum Wilhelmine von Boye mitgeteilt, denkbar knapp: »Moden giebt's keine neue. Theater schlecht. Alles mir so bekannt wie's Berliner.«[97]

Im Mai 1813 verließ Rahel ein zweites Mal Berlin. Nach Napoleons Niederlage in Russland erklärte Preußen Frankreich den Krieg. Die geschlagene, in Auflösung begriffene französische Armee zog aus Berlin ab. Aus Furcht vor kriegerischen Handlungen floh Rahel über Breslau nach Prag. Dort wohnte sie bei ihrer Freundin Auguste Brede und war auch sonst sozial nicht unbedingt in der Fremde. Sie traf allerlei alte Bekannte wieder, die wie sie geflohen waren, unter ihnen Friedrich Gentz und Wilhelm von Humboldt, auch Ludwig Tieck und Clemens Brentano.

In Prag fand Rahel bald eine neue Aufgabe: Sie sammelte Geld für die Versorgung und Pflege verwundeter Soldaten – aller Heere, ohne Ansehen der Nationalität. Varnhagen berichtete sie Anfang Oktober 1813: »Ich bin hier sehr wirksam, und menschenumgebener als je, d.h. nicht gesellschaftlich, sondern geschäftlich und wohlthätig. Ich spende alles selbst, damit kein Unterschleif geschieht: sonst könnt' ich mir ein Renommée machen und es kommoder haben. Bartholdy's Gulden sind für die Preußen: das andere theile ich ehrlich: und verwundete Feinde, sind es nicht mehr! und wie soll es unsern Gefangenen dort gehen! Kann ich auf französische Herzen rechnen, wenn mein's nichts taugt?«[98]

Sie war aufgeregt und gerührt zugleich, als Frau helfen zu können: »Ich bin ganz freudig, den Soldaten dienen zu können: Gott muß ich danken; und thue es gewiß: ich schäme mich oft des Glücks; warum kann ich ihnen dienen, und sie nicht mir? wer bin ich? Ich kann sie nicht mehr zählen und erkennen, denen ich schon alles Gutes gethan habe.«[99]

In Prag ging ihr großer Wunsch in Erfüllung, die Einschränkungen, die einer Frau in ihrer Zeit gesetzt waren, zu überwinden. Ohnehin war sie längst »der Meinung, daß ich eine Königin (keine regierende) oder eine Mutter sein müßte.«[100] Sie wollte einmal im Leben tätig sein, »wirksam«, und zwar über einen kleinen gesellschaftlichen Zirkel hinaus. Auch das ist ein Wilhelm-Meister-Traum. Rahel wurde zwar nicht wie er Wundarzt, aber sie half doch wenigstens Verletzten. Sie fühlte sich dabei groß: »Also doch Ein mal eine Fürstin.«[101]

Sie fasste hochherzige, aber auch etwas hochfliegende Pläne: »Ich habe so einen Plan im Herzen«, schrieb sie Varnhagen, »alle europäischen Frauen aufzufordern, daß sie den Krieg niemals mitmachen wollen; und gemeinsam allen Leidenden helfen wollen: dann könnten wir doch ruhig sein, von einer Seite; wir Frauen mein ich. Sollte so etwas nicht gehen?«[102]

Hannah Arendt hat Rahels Prager Wohltätigkeit kritisch beurteilt. Sie sei »weniger vor dem Kriege« geflohen, »als daß sie den Krieg als Vorwand benutzt, um sich endlich von ihrer Familie zu trennen«: »Flucht also aus der ganzen, früheren Existenz.«[103] Im Übrigen habe Rahel sich »ebenso abscheulich gebärdet [...] wie alle Wohlfahrtsdamen nach ihr« und »genau die gleichen, infantil-friedfertigen Programme ausgebrütet, geboren aus der Überschätzung einer einmaligen geduldeten Tätigkeit und der Unterschätzung, ja Unkenntnis aller objektiven, Geschichte bildenden Faktoren.«[104]

Auffällig ist allerdings, dass Rahel nicht nur froh war, helfen zu können – sondern auch stolz. Sie gefiel sich in der Rolle der Helfenden, die für sie offenbar etwas Aristokratisches hatte – so, als sei Hilfe weniger ein Akt der Solidarität als der Noblesse. Schon bald aber versagten ihre Kräfte, und sie wurde krank. An Arme und Hilfsbedürftige zu denken, blieb gleichwohl weiter ihre Gewohnheit.

Nach dem Krieg, der mit dem Frieden von Paris 1814 endete, kehrte Rahel nach Berlin zurück und heiratete dort Varnhagen, der anschließend mit dem preußischen Kanzler Friedrich von Hardenberg zum Wiener Kongress reiste. Rahel folgte im November und blieb ein Dreivierteljahr mit ihm in Wien. Wie in Karlsbad und Teplitz verkehrte sie nun abermals in der sogenannten guten Gesellschaft, begegnete auch Metternich wieder, den sie in Prag kennengelernt hatte. Nachdem sie und Varnhagen den Winter 1815/16 in Frankfurt a. M. verbracht hatten, siedelten sie im Sommer 1816 nach Karlsruhe über. Rahel, nun Gattin des Geheimlegationsrats Varnhagen von Ense, lernte in Karlsruhe auch die eine oder andere Dame von Stand kennen, etwa die Prinzessin Amalia von Baden, die ihr das Schwimmen beibrachte. Bei allen Kontakten, die sie knüpfte, war eines aber auf die Dauer nicht zu übersehen: Sie wurde nicht zu Hofe geladen.

Hannah Arendt hat behauptet, dass die »drei Jahre in Karlsruhe« Rahels »glücklichste, ungekränkteste Zeit«[105] gewesen seien. In ihren Briefen klingt das oft anders. Der Gräfin von Schlabrendorf schrieb sie etwa am 8. Januar

1818, nachdem sie bereits ungefähr eineinhalb Jahre in Karlsruhe gelebt hatte: »Nun bin ich noch sehr amüsabel, aber mir fehlen die Gesellen! z. E. hier; ich habe nicht Eine intime noch familiäre Frau. Keinen aufkeimenden Menschen, an dem ich Freude und Beschäftigung fände: keine gesellschaftliche Reibung, die meine Aufmerksamkeit in Anspruch nähme; keinen großstädtischen Lärm, dem man nur zuzusehen braucht; nichts fremdes Neues: kein Regen, kein Verkehr der Kunst! durchaus kein Verstehen. Dabei leb' ich in beinah steter Berührung der hiesigen Gesellschaft, wo es ungefähr und äußerlich so getrieben wird, wie in allen europäischen Gesellschaften. Thee, Ball, bal masqué; Diné; Komödie; Assemblee, Ambitionen; Florkleider, Kleinlichkeit u. völliger Mangel, an Witz, Sinn, Scherz, und Tiefsinn und Tiefherz. Darunter ich – mit allen meinen Erinnerungen.«[106]

In Karlsruhe erfuhr Rahel, dass sie in der Welt des Adels allenfalls geduldet war, aber nicht zu ihr gehörte. Den Grund erfuhr sie nicht, aber sie konnte ihn sich denken.

Im Oktober 1819 waren Rahel und Karl August Varnhagen wieder in Berlin.

## *Der »Weltpatriot« und die »Kerle mit Manschetten« Meinungen in Krieg und Frieden*

Jeder der drei großen Aufenthalte in anderen Städten hat Rahel geprägt, Paris vielleicht am wenigsten, Prag am meisten. In Prag führte sie erstmals und auch letztmals ein anderes soziales Leben, das nicht mehr um Geselligkeiten kreiste. In Prag bildete sie auch entschiedene politische Ansichten aus, die sie später als Frau eines Gesandten, selbst im vergleichsweise liberalen Karlsruhe, kaum hätte äußern können.

Rahel war durchaus eine Patriotin – und zwar eine preußische. Die Juden nannte sie manchmal ihre ›Nation‹, die Preußen aber waren ihr Volk. Das hinderte sie nicht daran, europäisch zu denken. Nationalismus war ihr zuwider. Aus Prag schrieb sie einmal ihren Verwandten nach Berlin: »Ist es wahr, daß der franzosenhassende, deutschthümelnde Schauspieler an Ketten tanzt? wenigstens müßte es wahr sein. Manche müssen nun immer dümmer, viele noch affektirter, noch deutscher werden!«[107]

In deutlichen Worten verurteilte sie auch den patriotischen »Aufruf« einer Adeligen als »ein litterarisch Aufgehetztsein«.[108] Bei der Gelegenheit wurde sie sogar grundsätzlich: »daß wir Deutsche heißen und sind, ist eine Zufälligkeit; und die Aufblaserei, dies so groß hervortreten lassen zu wollen, wird mit einem Zerplatzen dieser Thorheit endigen. Jedes zu Verstand gekommene Volk soll brav sein; und die Freiheit haben, es zu sein. [...] Dies muß jedes europäische, christliche, Gott in sich selbst erkennende Volk; und jedes solches muß dies allen andern Völkern gönnen und wünschen: und sich nicht prahlerisch allein dazu ernennen, ausschreien und brüsten.«[109]

Dagegen hatte sie größtes Lob für ihren Freund, den Bankier Abraham Mendelssohn, später Mendelssohn-Bartholdy, der freigiebig Geld für ihr Hilfsprojekt spendete: Er betrage sich »in diesem Krieg, und betrug sich hier in Prag, wie der größte Weltpatriot: man kann nicht edler.«[110] Berlinerin oder Märkerin und zugleich Weltbürgerin zu sein, schloss sich für Rahel nicht aus.

Kosmopolitismus verband sich auch bei ihr mit Pazifismus. Krieg war ihr »verhaßt: wegen seiner Greuel, wegen meiner persönlichen Furcht; und weil er meinem Herzen so weh thut; so ist er es mir doch gewiß zur Hälfte ganz darum, weil er die Erde in Unordnung bringt, welche mir das Entsetzlichste, ja nicht zu Fassende ist! daß er alles stört, jedes Hauswesen in's Tiefste; jedes Geregelte, jeden Plan, jedes Geordnete.«[111]

Wie Antigone beurteilte Rahel den Krieg aus der Sicht der Familie, nicht des Staates. Den Frieden liebte sie in dem Maß, in dem sie den Krieg hasste. »Friede will ich: und jeden Sohn bei seiner Mutter; Feinde und Freunde ihre.«[112] Vom Frieden erhoffte sie sich, wie ihr Bruder Ludwig, vor allem eines: »Daß die Völker sich erkennen lernen!«[113] Ähnlich hat Goethe sein Projekt einer Weltliteratur begründet.[114]

Fast zwangsläufig wurden Politiker Rahel in ihrer Prager Zeit suspekt. In Prag traf sie einige, sowohl preußische wie österreichische. Vor allem die Wiederbegegnung mit ihrem alten Freund Gentz erfüllte sie mit Abscheu. Varnhagen schrieb sie über ihn: Er »Antwortet mir auf jedes Billet: hat ein Bedürfniß, – welches er befriedigt, wenn er mich sieht, – mir alles zu sagen was ihn interessirt. Fragt mich nach nichts. Kurz, hat kein Gedächtniß im Herzen. Kennt keine Welt mehr, als die aus Koterien vornehmer Leute besteht; kennt also das wahre Gewicht nach Zeit und Gewicht auch davon nicht.«[115]

Die Veränderung der Persönlichkeit, die Rahel an Gentz wahrnahm, führte sie aber nicht auf seinen Charakter zurück, sondern auf seine neue Rolle als Politiker. »Diplomaten ist das Gräßlichste in der menschlichen Gesellschaft!«[116], und sie schimpfte: »der Gräuel spricht sich aus gräßlichen, wirklichen Wunden hervor; Krieg überschüttet Europa; aber wer ist gesichert? – Diese Kerle mit Manschetten! Und dies wissen sie, und sonst nichts!«[117] Dass bald danach auch ihr Mann unter die Diplomaten gehen würde, ahnte sie damals noch nicht.

Rahels Ansichten blieben, wie die Varnhagens, in vielem fortschrittlich, was ihr später die Sympathien ›jungdeutscher‹ Schriftsteller wie Heinrich Laube und Karl Gutzkow eintrug. In späteren Jahren wurde sie eine Anhängerin des frühsozialistischen Saint-Simonismus. Deren zeitweiliges publizistisches Organ, die Zeitschrift *Le Globe*, las sie regelmäßig, ebenso wie übrigens auch Goethe.

## *Das »Zollhaus« Der zweite Salon*

Als die Varnhagens 1819 nach Berlin zurückkehrten, fremdelte Rahel zunächst mit ihrer Heimatstadt. Auguste Brede schrieb sie am 11. November 1819: »es ist nicht erfreulich, nach längerer Abwesenheit, wenn man nicht in halber Jugend abgereist ist, und in Jugend ankommt, nach der Heimath zurückzukommen! Erstlich, habe ich keine eigentliche Heimath, keine materielle. Weder Haus, noch Hof, noch Garten, noch irgend einen Besitzer solcher Dinge, zu dem ich wirklich gehörte; ich sehe also lauter veralterte Figuren; treffe verjährte Gesinnungen, abgetragene Meinungen, verparktes Wissen; und auf all dieses, verstockten Stolz! Mir bleibt Schweigen: aber ich rede viel, aber nur um das, was ich eigentlich sagen möchte, herum: d. h. ich lüge nicht, sage aber das Wahre nur in Scherz und Ernst über solche Gegenstände, die niemand und nichts berühren, und woraus die Wahrheit hervorginge, wenn man sie hinausließe.«[118]

Rahels Brief gibt nicht nur die Stimmung wieder, in der sie sich befand, sondern auch die, in der sie die Stadt vorfand. Die Veränderungen des gesellschaftlichen Klimas im Gefolge der Restauration hat sie fein und genau als Stillstand, ja als Rückschritt wahrgenommen.

Mit der Zeit lebte Rahel sich allerdings wieder ein. Nach und nach fanden sich mehr oder weniger regelmäßig auch Besucher ein, nun oft schon am Vormittag, ohne dass sie abgewiesen wurden. Mitunter scheint ihr später das gesellschaftliche Leben sogar zu viel geworden zu sein. 1830 klagte sie ihrer Schwester: »Mein Haus ist immer noch wie ein Zollhaus, wo sich mitten in Krankheiten ununterbrochen Männer und Frauen einführen lassen; und Verkehr und Verbindungen gehen ihren Gang: aber eine liebe genügende Kotterie wüßte ich nicht.«[119]

Es waren nicht mehr ganz dieselben Besucher wie vor dem Befreiungskrieg. Einige waren schon tot, so der junge von der Marwitz, auch Fichte und Kleist. Einige lebten nicht mehr in Berlin, wie Pauline Wiesel und Friedrich Gentz. Einige aber hielten Rahel die Treue, so Friedrich Schleiermacher, auch Alexander von Humboldt und Friedrich August Wolf. Neue Gelehrte suchten sie auf, vor allem der Historiker Leopold Ranke – noch nicht geadelt – und der Jurist und Rechtsphilosoph Eduard Gans, Berliner Jude wie sie, der, unterstützt von Hegel und Varnhagen, die *Jahrbücher für wissenschaftliche Kritik* herausgab. Von ihren alten Schriftsteller-Bekannten stellte sich immer wieder Fouqué ein. Bei ihren Berlin-Aufenthalten besuchten sie der junge Harry Heine, dem sie eine mütterliche Freundin wurde, und Ludwig Börne.

Literatur spielte auch im zweiten Salon eine wichtige Rolle, schon durch die Anwesenheit von Autoren. Mehr noch als der erste wurde er ein Raum der Goethe-Verehrung. Rahel war nicht die erste Salondame, die sich ihr verschrieb: Zuvor dürfte das schon Henriette Herz gewesen sein. Aber sie berief sich, unterstützt von Varnhagen, weiter auf das klassische, ständeübergreifende

Humanitätsideal und verteidigte auch die Werke Goethes, die dem Zeitgeist zuwiderliefen und Anstoß erregten, wie *Die Wahlverwandtschaften*.

Die Gäste wurden nun allerdings förmlicher empfangen als früher. Es wurde nicht nur Tee gereicht. Die Varnhagens luden zu Soirees in ihre große, eher einfach möblierte Sechszimmer-Wohnung in der Mauerstraße ein. Es wurde getafelt. Voll Stolz listete Rahel am 26. Juli 1823 Varnhagen die Speisen auf, die sie ihren Gästen am Abend auftischen wollte: »Thee mit Kuchen und Zubehör. Gebackene Aale, und Hechte mit Aspic-Sauce; kalte mit Essig und Oel, etc.; Zunge, Kalbfleisch. Reisspeise mit Vanillen-Sauce; Kirschkuchen, Melone, Johannisbeeren-Bischoff. Wer *mir* es besser giebt, ist ein Schelm!«[120]

Auch musikalische Darbietungen, die das freie Gespräch notwendig unterbrechen, wurden ein Teil des Programms. Die Zusammensetzung der Besucher änderte sich. Noch immer kamen Schriftsteller, auch Diplomaten und Offiziere, Adelige wie etwa Fürst Pückler-Muskau während seiner Berlin-Aufenthalte, vermehrt nun aber, durch die Gründung der Universität, Akademiker, deren prominenteste die Professoren Ranke und Hegel waren. Letzteren schätzte Rahel, im Unterschied zu Varnhagen, nicht so hoch wie Fichte. Beliebt war der Salon nach wie vor, auch bei Ausländern, die in die Stadt kamen. Im August 1827 gab Rahel ihrem Bruder Ludwig eine kleine Liste der Besucher, die gerade da gewesen waren: »Alle Sorten Durchreisende, Fremde. Gräfin Henckel und Tochter und Schwester. Barnekow's. Graf York. Willisens. Hegel, Humboldt, Ranke. Wozu die vierzig Namen noch?« fragte sie[121] – und ließ dann doch noch ein paar fallen: »Pirault des Charmes«, der »Siegersdorfer Kalckreuth«, »Canning«, »Castlereugh.«[122]

Rahels zweiter Salon war nicht ganz so glanzvoll mehr wie der erste. Das lag weniger daran, dass sie selbst nicht mehr über dieselben finanziellen Mittel verfügte wie 20 Jahre zuvor. Die hatten ohnehin für ihre Gastfreundlichkeit nicht die entscheidende Rolle gespielt. Aber es fehlte auch gar nicht an Geld, denn Varnhagen erhielt eine gut bemessene Pension. Das politische und gesellschaftliche Klima hatte sich vielmehr gewandelt, mit ihm auch das literarische.

Die alte gesellschaftliche Freiheit existierte nicht mehr. Inzwischen gab es adelige Salons, zu denen Juden und Jüdinnen kaum Zutritt hatten, wie umgekehrt die Adeligen nicht mehr mit derselben Selbstverständlichkeit jüdische Salons aufsuchten. Hinzu kamen politische Veränderungen. Als die Varnhagens 1819 nach Berlin zurückkehrten, setzte die politische Reaktion in Österreich und Deutschland ein. Sie wirkte bis in die Geselligkeit hinein. Mit der neuen Förmlichkeit ihres Salons zollte auch Rahel offenbar dem gewandelten Zeitgeist Tribut.

Varnhagen, der Rahel erst nach dem Ende ihres ersten Salons kennenlernte, hat die Geselligkeit in ihrem zweiten anhand eines Abends exemplarisch beschrieben als noch immer harmonische und geistreiche Zusammenkünfte: »Die Gesellschaft war ungemein belebt, in größter Freiheit und Behaglichkeit; jeder gab sich als das, was er sein konnte; es war kein Grund noch Hoffnung des Gelingens, hier einen Schein zu heucheln; die Unbefangenheit und gute Laune Rahels, ihr Geist der Wahrheit und des Geltenlassens, walteten ungestört; – – alles ging leicht und harmlos dahin; jeder zu herbe Ernst wurde von Witz und Scherz aufgefangen, die ihrerseits wieder, bevor sie ausarten konnten, von Wahrheit und Verstand ergriffen wurden, und so blieb alles belebt zugleich und gemäßigt; ein wiederholter Anflug von Musik, wozu das offene Fortepiano einlud, – Rahel war sinnvolle Kennerin und in früherer Zeit fertige Meisterin, – vollendete das Ganze, und man trennte sich noch bei guter Zeit, in erhöhter und klarer Stimmung.«[123]

Noch immer war Rahel der Mittelpunkt der Geselligkeiten, ja es scheint, dass sie das Gespräch mehr bestimmte als in ihren jungen Tagen. Zumindest erweckt die Erinnerung Franz Grillparzers an seinen Besuch bei ihr diesen Eindruck. Varnhagen, den er über Fouqué kennengelernt hatte, nahm ihn kurzerhand mit nach Hause. Rahel kam ihnen auf der Treppe entgegen: »Nun fing aber die alternde, vielleicht nie hübsche, von Krankheit zusammengekrümmte, etwa einer Fee, um nicht zu sagen Hexe, ähnliche Frau zu sprechen an, und ich war bezaubert. Meine Müdigkeit verflog, oder machte vielmehr einer Art Trunkenheit Platz. Sie sprach und sprach bis gegen Mitternacht, und ich weiß nicht mehr, haben sie mich fortgetrieben, oder ging ich von selbst fort. Ich habe nie in meinem Leben interessanter und besser reden gehört.«[124]

## *Die »Gleichgesinnten« Rahels Freundschaften*

Rahels Salons waren gleichermaßen der Geselligkeit und der Freundschaft verpflichtet. Auch darin war sie ein Kind ihrer Zeit. Das 18. Jahrhundert war die große Epoche des Freundschaftskultes. Das frühaufklärerische Ideal einer auf Vernunft und Wahrhaftigkeit gegründeten Freundschaft erhielt später noch eine stärker emotionale Seite, was sich gut an Rahel zeigen lässt. Liebe und Freundschaft rückte sie eng zusammen – so eng, dass sie ihre Freunde immer wieder ihrer Liebe versicherte.

Rahel gab sich überzeugt, »steif und fest, gewisse Menschen m ü s s e n sich kennen lernen; nicht allein, wenn sie zusammen sind; sondern die Umstände m ü s s e n sie zusammen besorgen«.[125] Im Zweifelsfall besorgte Rahel, anstelle der Umstände, es selbst, dass Menschen sich in Gesellschaft begegnen konnten, und manchmal gelang es ihr auch, Freundschaften zu stiften. Doch nicht alle ihre Besucher befreundeten sich miteinander, manche nicht einmal mit ihr. Sie mag das anfangs gehofft haben, musste aber mit der Zeit erkennen, dass die Realität dahinter zurückblieb.

Freundschaft war für Rahel ein hohes Gut – eines der höchsten. Über sie hat sie zu verschiedenen Zeiten nachgedacht. 1824 etwa notierte sie sich: »Ein Freund kann nur ein verehrtes Wesen sein, von dem wir, der Natur der Verehrung nach, nichts verlangen.«[126] 1829 fand sie, in Goethes Elegie *Hermann und Dorothea*, Vers 26, den Ausdruck »Gleichgesinnte«[127]: »Das sind die Brüder, die wir auf der Erde haben, und hatten; diese Brüder, diese ›Gleichgesinnten‹ (Freunde, ruft Goethe in der Elegie, ›Gleichgesinnte, herein!‹) sind einer dem andern der Magnetkompaß, der Bürge, daß er recht segelt: der Trost, in Leiden ohne Trost; und der ist so erhabenen Ursprungs, und Wirkung, daß er schon über die Zeit hinaus wirkt!«[128]

Ein Freund ist für Rahel, wer den anderen als Menschen erkennt und das »Glück« schenkt, »zu erkennen, und zu sagen: ›Hier hat ein Mensch gesprochen, und gelebt; ich Mensch erkenne das, und sage dir es gern und freudig‹. Das freut meine Seele; und ich sage es Ihnen gerne, darum dankbar.«[129] Für die Bildung eines Menschen schien ihr Freundschaft unerlässlich.

Rahel hat den Titel des Freundes zeitweise großzügig verteilt – was notwendigerweise zu Enttäuschungen führte. Und doch hat sie zweifellos einige Menschen gehabt, mit denen sie in einem mehr als oberflächlichen Sinn befreundet war, über lange Zeit, auch über große räumliche Abstände hinweg, allerdings nicht immer ohne Krisen. Unter ihnen waren unproblematische Freunde wie Karl Gustav von Brinckmann und problematische wie Friedrich von Gentz, an dem sie dennoch festhielt. Diese Freundschaften lebte sie nicht nur in Begegnungen. Durchweg waren sie auch Brieffreundschaften.

Der Erste, mit dem Rahel so korrespondierte, dürfte David Veit gewesen sein. Er war der Neffe des ersten Mannes von Brendel Veit, der ältesten Tochter Moses

Mendelssohns und, als Dorothea, späteren Frau Friedrich Schlegels, die Rahel mit ihm bekannt machte. Ab 1793 studierte Veit Medizin in Göttingen, Jena und Halle und praktizierte danach in Hamburg als Armenarzt. Dort starb er auch 1814, erst 43 Jahre alt: Während der russischen Belagerung zog er sich bei seiner Arbeit eine tödliche Infektion zu.

Drei Jahre lang, von 1793 bis 1796, schrieben Veit und Rahel sich häufig, dann nur noch gelegentlich, zuletzt wohl 1811, drei Jahre vor seinem Tod. Ihre Korrespondenz füllt einen ganzen Band. Rahel teilte mit Veit viel: zunächst die jüdische Herkunft, über die sie sich offen aussprechen konnten, dann den Hunger nach Bildung, nicht zuletzt literarischer und philosophischer Art. Rahel profitierte von Veits geistigen Interessen, die weit über sein Studienfach hinausgingen. Er teilte seine Lektüren mit ihr, sie umgekehrt mit ihm auch ihre. 1793 tauschten sie sich etwa über Goethes *Werther* aus, den Rahel noch nicht kannte, über Schillers Rezension »Über Matthissons Gedichte«, die sie genau und kritisch las, und über Friedrich Heinrich Jacobis Roman *Woldemar*, den beide kannten.

Veit sandte Rahel Gedichte, die er selbst geschrieben hatte und die sie eingehend kommentierte. Sie verständigten sich über gemeinsame Bekannte, Wilhelm von Humboldt etwa. Veit musste Rahel auch berichten, wie sein Besuch bei Goethe, auf der Reise nach Göttingen, verlaufen war – und sie beide wunderten sich, »daß Goethe so subaltern antik (Sie sehen, ich weiß kein Wort) angezogen geht, denn ein Mensch, der alles weiß, weiß auch dies, und warum sollt' er sich nicht ein bischen apprivoisirter kleiden.«[130]

Grundlage ihrer Freundschaft waren nicht nur gleiche

geistige Interessen, sondern mehr noch Verständnis und Aufrichtigkeit. Rahel verstellte sich nicht, wenn sie ihm schrieb – so etwa 1794: »Mit einer Art von Angstthau auf der Stirne setz' ich mich diesmal hin Ihnen zu schreiben – denn ich will wieder so aufrichtig sein, daß es eine Schande ist.«[131] Als sie ihre Einschätzung von Goethes Art, sich zu kleiden, gab, gestand sie Veit, dass sie ihm ihr »Innerstes«[132] zeige. So stellte sich Rahel auch später noch Freundschaft vor. Dabei dürfte sie vorausgesetzt haben, dass ihr Freund, wie alle ihre Goethe-Anspielungen, auch das Zitat aus einem Lied Mignons erkannt hatte, mit dem das Fünfte Buch von *Wilhelm Meisters Lehrjahre* endet.

Als Rahel die Nachricht von Veits Tod erhielt, im April 1814, schrieb sie ihrem Bruder Markus: »Doktor Veit ging mir in die Seele! mein erster Freund.«[133] Vier Jahre nach seinem Tod hat sie ihn in einem Brief an den gemeinsamen Freund Friedrich Ludwig Lindner gewürdigt: »Wenigstens soll er, so lange wir leben, nicht todt sein. Er verschlechterte sich meines Wissens in Hamburg nicht: aber ich weiß, an meiner Seite hätte er sich ewig verbessert, seine bessere Seite herausgekehrt, oder vielmehr an das Bewußtsein hinan gebracht; ausgearbeitet, und spielen lassen! Er war ein komplet gebildeter Mensch, weil er über seine Natur hinaus war, sah, und sie beurtheilen konnte.«[134]

»Ein komplet gebildeter Mensch« dürfte eines der größten Komplimente gewesen sein, die Rahel zu vergeben hatte. Gleichwohl sind ihre Sätze, ein Zeugnis der Verbundenheit über den Tod hinaus, nicht frei von ihrer gelegentlichen Selbstüberschätzung.

*

Von dem Verhältnis zu David Veit unterscheidet sich das zu Wilhelm von Humboldt grundlegend – nicht zuletzt dadurch, dass man kaum weiß, ob es, ähnlich wie das zu Brentano, als Freundschaft zu bezeichnen ist. Humboldt war einer der frühesten und einer der prominentesten adeligen Besucher von Rahels Salons. Ihre Wege kreuzten sich nicht nur in Berlin, sondern auch in Paris, Prag und Wien, wo Humboldt jeweils in diplomatischer Mission tätig war. Für Rahels Leben hat er zudem als Politiker eine gewisse Bedeutung erlangt. Er bereitete nicht nur die Gründung der Berliner Universität vor, sondern war auch ein wichtiger Befürworter des Judenedikts. Wenn sie ihn 1809 brieflich bat, er möge doch darauf hinwirken, »daß die Charlottenburger Chaussée reparirt wird«[135], dann war das nicht nur ein Scherz: Sie rechnete ihn zu den Mächtigen.

Humboldts Verhältnis zu Rahel war ambivalent, über die Jahre auch schwankend. Eine Zeit lang hatte er Aversionen gegen sie. Hannah Arendt hat den Grund dafür in ihrer vermeintlichen sozialen »Wahllosigkeit«[136] gesehen, die er nicht ertragen habe. Er mag ihr auch manches Wort übel genommen haben. 1809 etwa sandte sie ihm einen ihrer wenigen wirklich bösen Briefe – über Henriette Herz, auf die er »ein Auge«[137] geworfen hatte. »Götter der Welt! wie kann man bei so wenig Leben leben bleiben«[138], schrieb Rahel, nicht ohne Hochmut, über die andere große jüdische Salonière Berlins. »Hassen kann man sie nicht; fast muß man sie achten: vernichten aber möchte man sie«[139], fügte sie, tiefenpsychologisch aufschlussreich, hinzu. Und weiter: »Zum Spott der sich tugendhaft glaubenden Menschen lassen die ewigen

Götter dies Gebilde umhergehen – und ungerecht findet man's, eine doch lebende Seele dafür zu gebrauchen! Wie um einen Kirchturm ist ihr der Wind um das hohe Haupt gegangen!«[140]

Hannah Arendt hat behauptet, dass Rahel, die sie gelegentlich »durchaus unausstehlich«[141] nannte, Humboldt gegenüber »eigentümlich harthörig«[142] gewesen sei. Zumindest warb sie immer wieder um seine Freundschaft. Sie wurde allerdings zunehmend vorsichtig gegenüber dem für seinen Spott und seine »Sophisterei«[143] bekannten Humboldt. Schon als David Veit sie 1794 um ein Wort über ihn bat, antwortete sie deutlich genug: »ich weiß keins [...] Und wenn ich sagte, verlassen Sie sich nicht zu sehr auf ihn, so meint' ich, verlassen Sie sich nicht zu sehr auf sich und das Verhältniß, das zwischen ihnen beiden sein kann, und sein Sie immer fein, zurückhaltend, artig (im Systemsinne, lieber Jünger), und was er sich erlaubt (im Urtheil hauptsächlich), erlauben Sie sich nicht.«[144]

1809 schrieb Rahel Humboldt einen langen Brief nach Königsberg, wo er sich mit dem aus Berlin geflohenen preußischen Hof aufhielt – als Antwort auf ein Schreiben von ihm, in dem sie »so wenig«[145] gefunden hatte. Er sei wohl »verwundert, daß ich nicht durchaus so garstig bin, als Sie mich während des Hasses immer wähnten, oder vielmehr voraussetzten; und unbeachtet ließen. Ewig wird es in Ihrer Menschen-Kunde und Jagd, und in Ihrem Leben ein Brachfeld bleiben, daß Sie mein Wesen so übergehen konnten.«[146]

Diese Missachtung muss Rahel tief verletzt haben. Wie bei David Veit – und jedem anderen Freund – glaubte sie wohl, dass auch Humboldt durch sie sich hätte ›verbessern‹ können: »Welch Studium hätten wir miteinander vollbringen können; welche Welten von Leben entdecken können: welche Rechenschaft hätten Sie von mir einholen können! Schämen Sie sich, Sie fleißiger schlechter Forscher!«[147]

Trotz des gerade noch scherzhaften Tones war letztlich nicht viel zu beschönigen. 1813 ließ Rahel Karl Gustav von Brinckmann wissen: »Humboldt haßt mich jetzt wieder: er war das letztemal in Berlin, ohne mich zu sehen.«[148] In Prag wenig später mied er sie vollkommen, ja verweigerte jeden Kontakt.

Allerdings beschäftigte sie seine Ablehnung. Am 26. Juli 1813 schrieb sie deswegen seiner Frau Caroline. Zuvor hatte sie Gentz befragt, der bestritt, dass Humboldt sie meide: »Er hasse nur, wie immer, mein ganzes Wesen; hielt mich für ein monstre [...] besonders hätte ich zu unwürdige Verbindungen.«[149] Tatsächlich, ließ sie Caroline wissen, nenne er sie so nur, »weil ihm meine Natur zuwieder ist.«[150] Das war wohl nicht falsch. Humboldt konnte sich als Politiker für die rechtliche Gleichstellung der Juden einsetzen – und doch manche von ihnen als Personen ablehnen.

Mit seiner Frau Caroline war Rahel eine Zeit lang befreundet. Auch auf ihr Drängen hin machte sie sich 1800 nach Paris auf. Während ihres Aufenthalts dort verkehrte sie vor allem im Salon der Humboldts. Als sie sich, Jahre später, in Frankfurt wiedersahen, entzog ihr Caroline in der Öffentlichkeit das Du – »eine recht simple Art, eine jahrzehntealte, peinlich gewordene Freundschaft zu liquidieren«, so Hannah Arendt.[151] Rahel »konnte nicht ahnen, daß die Freundin, deren Mann offiziell als der große Fürsprecher der Juden galt, offen judenfeindlich geworden war und auch Humboldt in diesem Sinne zu beeinflussen suchte.«[152] Humboldt, der den Antisemitismus seiner Frau letztlich nicht teilte[153], nannte Rahel gleichwohl mitunter »Judenmamsel«[154] und kommentierte ihre Heirat mit Varnhagen ähnlich abfällig.[155]

Humboldt hat sich aber am Ende noch besonnen. Mehr als zwei Jahre nach Rahels Tod hat er sie in einem Brief an Charlotte Diede wie ein Freund gelobt. Sie sei »von sehr liebenswürdigem Charakter« gewesen[156], »alle ihre Gedanken und selbst die Form ihrer Empfindungen« hätten ein »unverkennbares Gepräge der Originalität« gehabt, sie habe »große Lebendigkeit« besessen: »sie empfand und nahm auch die Erscheinungen des Lebens immer in ihrer vollen Wahrheit auf. Ueberhaupt war Wahrheit ein auszeichnender Zug in ihrem intellectuellen und sittlichen Wesen.«[157]

*

Noch einmal anders als die Freundschaft zu David Veit war die zu Alexander von der Marwitz, der auch ein Bekannter Humboldts war. Wie Rahels erste Liebe Karl von Finckenstein entstammte er einer alten, konservativen preußischen Familie. Dass Rahel Humboldt bat, ihn zu »protegiren«[158], verrät mehr freundschaftliche Fürsorge als politischen Verstand: Die Familie von der Marwitz gehörte zu den entschiedenen Gegnern der preußischen Reformen, an denen Humboldt beteiligt war.

Alexander von der Marwitz war ein anderer Charakter

als Karl von Finckenstein – überhaupt ein Charakter, aber ein unausgeglichener, auch unausgereifter. Als er starb, hatte er seinen Ort im Leben noch nicht gefunden. Er verfolgte wissenschaftliche Interessen, war ein großer Leser, auch wie Rahel ein Goethe-Verehrer, aber zugleich kriegerisch, stolz, ebenso wie Rahel nicht ohne geistigen Hochmut, dazu unbeherrscht. Er tötete in einem Gasthaus im Streit den Wirt, angeblich aus Notwehr.

Als Sohn einer alten märkischen Familie in der Nähe von Küstrin geboren, galt er früh als große Begabung, studierte in Frankfurt an der Oder und in Halle, bei Friedrich August Wolf und Friedrich Schleiermacher, dessen junge Frau sich in ihn verliebte. Als 1806 die napoleonische Armee heranrückte, wurde Marwitz auf das Gut der Familie zurückbeordert, dessen Verwaltung er übernahm. Später schloss er sich den österreichischen und russischen Heeren im Kampf gegen Napoleon an, wurde schwer verwundet und verbrachte einige Zeit in Prag, wo er Rahel wieder begegnete. 1813 fiel er in Frankreich.

Rahel hat Marwitz 1809 über Varnhagen kennengelernt, mit dem er in Halle zusammen studierte. Das hat ihn nicht daran gehindert, ihr seinen Freund Varnhagen ausreden zu wollen. Marwitz war 16 Jahre jünger als sie, aber ähnlich lebhaft und geistreich. Manche haben in der Beziehung zwischen den beiden ein geheimes oder ungelebtes Liebesverhältnis sehen wollen. Einige Worte Rahels mögen so klingen: »Ich habe viel geliebt, aber nie einen Menschen wie Sie«[159], schrieb sie ihm 1811 mit dem ihr eigenen Überschwang. Varnhagen ließ sie hingegen im selben Jahr wissen: »Schmerzlich« sei ihr das »Zusammensein« mit Marwitz: »Er ist mir eine große Sorge.«[160]

Marwitz selbst hatte andere Neigungen, die Rahel kannte. Sie war nicht nur in die heikle Verbindung zu Henriette Schleiermacher eingeweiht, sie war auch bereit, sich um eine junge Frau zu kümmern, die behauptete, Marwitz habe sie geschwängert. Dass aus Rahel und Marwitz ein Paar hätte werden können, ist letztlich schwer vorstellbar, schon weil auch er, wie Jahre zuvor Finckenstein, sie seiner standesbewussten Familie kaum hätte nahebringen können.

Marwitz hat Rahel gleichwohl verehrt. Überliefert ist sein nur mit dem überschwänglichen Lob Heines vergleichbarer Satz: »Sie mag wohl jetzo das größte Weib sein auf Erden.«[161] Sie wiederum hat von ihm gesagt, dass er ein »Künstler«[162] gewesen sei – ein großes Kompliment für einen jungen Adeligen aus der preußischen Provinz. Von einem Künstler hatte er tatsächlich etwas, auch von einem Schriftsteller. Nicht schlechter als ein Fontane, der in den *Wanderungen durch die Mark Brandenburg* ihn und seinen konservativ-rebellischen Bruder Ludwig porträtiert, hat er ihr etwa im Mai 1811 das Familiengut in Friedersdorf beschrieben und dabei bemerkt, dass er sich »Halb wie Werther«[163] vorkomme. Rahel hat auf diese Anspielung gleich geantwortet – indem sie ihre Freundschaft mit Worten besiegelte: »Sie erkennen mich, ich bin Ihre Freundin; das Meiste und Beste der Welt, des Lebens sehen wir mit gleichen Augen, mit gleichem Geiste an; fühlen, sind überzeugt, jeder vom andern, daß er ein lebendiges, unschadhaftes Herz im Busen trägt; besitzen und lieben unsere fünf Sinne. Ich tröste mich – wie man sich an einem Kinde etwa trösten kann – eine ähnliche Natur in ihrem besten Vermögen, in ihren geheimsten, feinsten Nuancen ‹zu kennen›, auf der Erde zu wissen, der es glücklicher gehen soll als mir.«[164]

Als Rahel von Marwitz' Tod Gewissheit hatte, schrieb sie, wie bei Veits Tod, einen kleinen Nachruf auf ihn, der ihre Betroffenheit, bis zum Verstummen, erkennen lässt: »Ich kann mich über nichts mehr ausdrücken; z. B. wenn einer stirbt – wie Marwitz – so seh' ich nicht nur die Person, oder die Art ihres Todes, – sondern den Tod: und mich schwindelt überhaupt: und ich weiß nicht, ob ich noch lebe: und Millionen ganz abstrakter, nicht für die Feder zu leistender Gedanken! Kurz ich erschrak gestern so von neuem, daß ich ganz zerstört bin. Jeder Freund von Marwitz fühlt seinen Tod nach Maß seines eigenen Werthes, und der guten Eigenschaften, die da machten, daß er seine begriff, und sah. Keiner kannte seine Lücken besser als ich: keiner war vielseitiger und intimer sein Freund. Genug, Gott hat den, und Louis [d. i. Louis Ferdinand, D. L.], etwas früh der kothigen unverständlichen Erde entrückt. ›Der Rest ist Schweigen!‹«[165]

*

Rahel hatte neben ihren Freunden auch Freundinnen. Dorothea Schlegel etwa gehörte zu ihnen, ebenso zeitweise Caroline von Humboldt, schließlich sah sie trotz aller Irritationen auch Bettine von Arnim als eine an und bemühte sich, letztlich vergeblich, um Rebecca Friedländer, die unter dem Pseudonym Regine oder Regina Frohberg schriftstellerte. Ihre liebste Freundin aber war Pauline Wiesel. Rahel lernte sie als Geliebte Prinz Louis Ferdinands kennen und befreundete sich

rasch mit ihr. Die Freundschaft hielt bis zuletzt, auch wenn es, Varnhagen zufolge, bei Paulines letztem Besuch in Berlin zu beiderseitigen Verstimmungen gekommen sein soll.

Pauline Wiesel, Tochter des preußischen Geheimrats César, war acht Jahre jünger als Rahel und eine aufsehenerregende Schönheit, die Männer zum Schwärmen brachte. Schon bevor sie sich mit Louis Ferdinand verband, hatte sie in jungen Jahren mit zwei Liebesaffären Anstoß erregt: zunächst mit einem Domherrn und dann mit einem russischen General, der ihr eine Leibrente von 2.000 Taler aussetzte. Ihr Ruf in der Berliner Gesellschaft war dadurch ruiniert, auch wenn sie 1800, mit 21 Jahren, den Kriegsrat Friedrich Ferdinand Wiesel heiratete.

In der Ehe bekam sie eine Tochter, deren Vater aber wohl nicht Wiesel war. Diese hieß gleichfalls Pauline und starb schon mit 14 Jahren. Irgendwann ließ sich Pauline scheiden. Weitere Affären folgten, auch mit Freunden Rahels. Sie lebte viel im Ausland, in der Schweiz, Frankreich und Italien, traf ihre Freundin in Frankfurt, Karlsruhe, Baden-Baden und Berlin wieder. Spät heiratete sie einen französischen Offizier, auf dessen Landgut sie die letzten Jahre verbrachte. Von robusterer Gesundheit, überlebte sie Rahel um 15 Jahre. 1848 starb sie in Frankreich an der Cholera.

Pauline, von Rahel Pelle oder Pölle genannt, war bekannt für ihre sexuelle Freizügigkeit, ihre direkte Art und ihren derben Berliner Ton. Sie war selbstbewusst, nahm kein Blatt vor den Mund und machte unbekümmert Schulden. Rahel hielt trotz allem zu ihr. Sie verübelte

Pauline nicht einmal, dass sie versuchte, Varnhagen zu verführen, der von ihr jedoch nicht sehr angetan war.

Rahel aber sah in ihr eine ›Gleichgesinnte‹ und lobte sie gelegentlich, so 1810, voll Überschwang (und sich auch gleich mit): »Nur Einmal konnte die Natur zwei solche zugleich leben lassen. In diesem Zeitalter. [...] es ist nur *ein* Unterschied zwischen uns, Sie *leben* alles, weil sie Muth haben, und Glück hatten: ich *denke* mir das Meiste; weil ich kein Glück hatte, und keinen Mut bekam; nicht den, dem Glücke das Glück abzutrotzen, es ihm aus den Händen zu ringen; ich habe nur den des Tragens erlernt; aber groß verfuhr die Natur in uns beiden. Und wir sind geschaffen, die Wahrheit in dieser Welt zu leben. Und auf verschiedenem Wege sind wir zu Einem Punkt gelangt. Wir sind *neben* der menschlichen Gesellschaft. Für uns ist kein Platz, kein Amt, kein eitler Titel da! *Alle* Lügen haben einen: die ewige Wahrheit, das richtige Leben und Fühlen, das sich unabgebrochen auf einfach tiefe Menschenanlagen, auf die für uns zu fassende Natur zurückführen läßt, *hat keinen!* Und somit sind wir ausgeschlossen aus der Gesellschaft. Sie, weil Sie sie beleidigten. (Ich gratulire Ihnen dazu! So hatten Sie doch etwas; viele Tage der Lust!) Ich, weil ich nicht mit ihr sündigen und lügen kann.«[166]

Das war zweifellos aufrichtig gemeint. Oft tadelte Rahel sich dafür, zu wenig Mut zu haben, und gelobte, die »Wahrheit in dieser Welt zu leben« – und nicht nur *für* die Wahrheit. Dies hieß für sie auch: der eigenen Natur treu zu bleiben. An Pauline bewunderte Rahel, dass sie genau das tat. Dass sie beide aber, als wahrhafte Menschen, aus der Gesellschaft ausgeschlossen seien, neben ihr existieren müssten, ist eine Übertreibung, vielleicht Pauline zuliebe, für die das aber auch nicht im strengen Sinn galt.

Das Gefühl, Außenseiterin zu sein, hat Rahel gleichwohl mit Pauline geteilt und verbunden. »Pauline«, schreibt Hannah Arendt, »stellte sich in voller Freiheit außerhalb der bürgerlichen Gesellschaft, weil ihr großes Temperament und eine unbändige Natur sich keinen Konventionen fügen mochte. Ihr Mut war ihre Natürlichkeit.«[167] Diesen Mut hat Rahel für sich gewünscht, wie sie umgekehrt Pauline manche ihrer Eigenschaften wünschte: »*Eine* hätte die Natur aus uns beiden machen sollen. Solche wie Sie, hätte mein Nachdenken, meine Vorsicht, meine Vernünftigkeit haben müssen! Solche wie ich, Ihren Lebensmuth, und Ihre Schönheit.«[168] Im November 1826 schrieb Rahel sogar an Pauline: »Nur Eine ist, die weiß wer ich bin. Sie, Sie, Sie! Niemand wird es glauben: ich *weiß es*.«[169]

Auch Varnhagen wusste nicht, wie viel Pauline seiner Frau bedeutete – oder wollte es nicht wahrhaben. Als er sich bei ihr beklagte, dass ihre Freundin ihn habe verführen wollen, entgegnete sie ihm begütigend, ohne jedes Zeichen von Eifersucht: »was sind diese kleinen Kinderbewegungen, die noch dazu niedlich ausfallen in dem, was sie der Welt weismacht, gegen ihr Großes; und gegen ihr Aeußern überhaupt.«[170] Pauline sei nicht »gemein«, also gewöhnlich, wie Varnhagen ihr vorwarf. »Sie hat ungeheure Wahrheit, aber sie ist nicht immer wahr. Manchmal so tief, so offen wahr wie kein Mensch.«[171]

## *Der »Inbegriff von allem«*
## *Rahels Lieben*

Als Rahel, einmal mehr, 1824 über die Liebe nachdachte, nannte sie sie den »Inbegriff von allem«. Dabei meinte sie »aber nicht das bischen auf Nebenmenschen aus Barmherzigkeit angewandte: sondern jene vielstimmigste Zustimmung, von der wir ein bewußtvoller, gefühlvoller Ton sind; der sich selbst nicht kennt.«[172] Das ist die große, glückliche, erfüllte Liebe, die Rahel gesucht, aber nicht unbedingt gefunden hat. Drei Liebesgeschichten gehören zu ihrer Biografie. Zwei von ihnen waren unglücklich.

Die erste verband sie mit Karl von Finckenstein, dem Sohn einer der ersten preußischen Familien. Sein Vater war Regierungspräsident in Küstrin gewesen, bevor Friedrich II. ihn absetzte, sein Großvater Minister, sein Urgroßvater Generalfeldmarschall. Rahel lernte den blonden und blauäugigen Finckenstein in der Oper Unter den Linden im Winter 1795/96 kennen. Schon bald verkehrte er, wenn er in Berlin war, in ihrer Dachstube.

Günter de Bruyn hat die Liebesgeschichte in seinem Buch *Die Finckensteins* erzählt, nüchtern, mit eigenen Akzenten. Folgt man ihm, dann war die Beziehung von vornherein aussichtslos. Dass sie sich etwa verlobt hätten, wie Varnhagen später behauptete, hält er für unwahrscheinlich. Finckensteins preußisch-konservative

Schwestern waren gegen die unstandesgemäße Beziehung mit einer Jüdin, die noch nicht einmal volles Bürgerrecht genoss. Auf den Bruch mit seiner Familie wollte er es offenbar nicht ankommen lassen. Zudem war er im diplomatischen Dienst. Dass damals eine Jüdin als Ehefrau eines preußischen Diplomaten geduldet worden wäre, ist stark zu bezweifeln.

Finckenstein, ein durchschnittlicher, wohl auch schwacher Charakter, schwankte und lavierte. Er machte auch anderen Frauen den Hof und ließ Rahel das wissen. Nach einigem Hin und Her kündigte sie ihm die Beziehung am 4. September 1799 auf. »Untersuche Dich, habe Muth!«, forderte sie ihn auf. »Stehe nicht mit jedem Fuß auf einem anderen Ufer. Schreite über. Ich kann nicht mehr für Dich handeln. Einmal konnte ich es. Noch ist es Zeit.«[173] Elf Tage später antwortete er ihr: »Ich habe hier in keiner Art gehandelt, ich konnte nicht, und konnte es nicht wollen. Ich denke, Du verstehst mich.«[174] Finckenstein entschied sich, indem er sich nicht entschied.

Danach begegneten sie sich noch einmal: Finckenstein suchte Rahel 1811 auf und wollte, dass sie seine Frau kennenlernen sollte, eine spanische Marquesa. Rahel war schockiert: »Meine ganze Seele war so empört, so in Aufruhr, mein Herz ist so affizirt, als vor zwölf Jahren.«[175] Im selben Jahr starb Finckenstein an Typhus, kaum 40 Jahre alt.

Die zweite unglückliche Liebe Rahels war wieder ein Diplomat: Raphael d'Urquijo, der 1801 Sekretär an der spanischen Botschaft in Berlin wurde. Auch er entstammte einer noblen Familie, sein Vater war Minister. Rahel und Urquijo lernten sich in ihrer Dachstube kennen, in die ihn ein Bekannter eines Abends mitgenommen hatte, und entflammten schnell für einander. Auch dies war eine unmögliche Liebe, aber aus anderen Gründen als bei Finckenstein. »Urquijo ist Ausländer, für den Rahel keine Jüdin ist«[176], schreibt Hannah Arendt – wobei offen bleibt, ob Rahel von seiner Familie akzeptiert worden wäre. Doch so weit gedieh die Beziehung gar nicht.

Sie war schnell belastet: Urquijo war krankhaft eifersüchtig. Für ihn, schreibt Varnhagen pointiert, sei »Eifersucht ein Glaubenartikel der Liebe«[177] gewesen. Objektive Gründe für die Eifersucht gab es nicht. Aber Missverständnisse waren, bei Urquijos Misstrauen, kaum zu vermeiden. Die Verständigung mit ihm war auch sprachlich schwierig, die Liebenden mussten sich auf Französisch unterhalten und schreiben. »Er macht ihr das Leben zur Hölle«[178], fasst Hannah Arendt die Geschichte kühl zusammen, mit Spott für den gut aussehenden Geliebten: »ein mißglücktes Exemplar der Gattung schöner Mann.«[179] 1804 beendete Rahel schweren Herzens auch dieses Verhältnis.

Varnhagen schickte sie am 15. September 1808, am Anfang ihrer Beziehung, die Briefe, die sie an Urquijo geschrieben hatte, nicht ohne Scheu, wie sie betonte. Ihre Liebe zu ihm sei nämlich ihre »größte Türpitüde«[180] gewesen: eine Schandtat. Jahre sei sie »durch das spanische Fegefeuer gegangen«; »in der größten Leidenschaft« habe sie sich erniedrigt, weil er »meine Liebe nicht glaubte, sie aber durch nie zu erfassende Eifersucht bis zum Grade der Raserei reizte.«[181] Für sie habe er aber einen »Zauber« gehabt, »wogegen das hellste Bewußtsein des Denkens nicht schnell genug arbeiten konnte.«[182] Das Geständnis war zweifellos auch als Wink für Varnhagen gemeint: dass sie eine solche Beziehung nicht noch einmal durchleben wollte.

Die beiden unglücklichen Liebesgeschichten nahmen sie lange mit, vor allem die zu Urquijo. Erst 1808 ließ sie sich wieder auf einen Mann ein: eben den 14 Jahre jüngeren Karl August Varnhagen. Er studierte damals noch etwas ziellos Medizin, trat ein Jahr später in die österreichische Armee ein, wurde Adjutant des Grafen Bentheim, dessen Geliebte Auguste Brede war. 1813 schloss er sich der russischen Armee an, unter Oberstleutnant, später Generalmajor von Tettenborn. 1814 fand er, endlich, Verwendung im preußischen Staatsdienst. Im selben Jahr heirateten er und Rahel, die sich zuvor hatte taufen lassen: Das war damals der Preis für die Ehe einer Jüdin mit einem Christen.

Günter de Bruyn hat die drei Liebesgeschichten Rahels auf einen gemeinsamen Nenner gebracht – auf den, »daß alle Männer, die sie in ihrem Leben liebte, jünger und unbedeutender waren als sie.«[183] Sie waren auch, zumindest zeitweise, Diplomaten und alle adelig oder glaubten es zu sein. Varnhagen hat sich, als er mit ihr verlobt war, um den Nachweis bemüht, dass auch seine Familie adelig sei. Einer Nachprüfung hielt dieser Nachweis später nicht stand; um Varnhagen nicht zu kompromittieren, wurde er kurzerhand in den persönlichen Adelsstand versetzt.[184]

Bei den Verehrern seiner Frau hat er es oft schwer gehabt. Schon ihre Familie, die anfangs froh war, die älteste Schwester endlich verheiratet zu sehen, lehnte ihn bald ab; mit ihrem Bruder Markus überwarf er sich. Auch

einige ihrer Biografen und Biografinnen, angefangen bei Ellen Key[185], blickten etwas auf ihn herab. Dabei war Varnhagen, anders als seine Vorgänger in Rahels Gunst, kein unwürdiger Liebhaber. Dass sie ihn aus Verlegenheit, mangels besserer Alternativen, geheiratet habe, ja aus Resignation, wie sie annahmen, ist aber nicht recht zu erkennen. Rahel hat auf Varnhagen gewartet, als er zwischen ihr und einer gleichfalls älteren Hamburger Jüdin, Fanny Hertz, schwankte. Warum sie ihn geliebt hat, kann man lange erörtern. »Ich liebe dich deiner Liebe wegen«[186], gestand sie ihm etwa 1815. Das darf man nicht als bloßen Narzissmus missverstehen. Geliebt zu werden, war für Rahel lebenswichtig. »Durch Liebe«, schrieb sie 1827, »erfährt man, daß man selbst existirt.«[187]

Varnhagen hat Eigenschaften gehabt, die man heute weniger schätzt, etwa die Bereitschaft, sich Autoritäten gleich unterzuordnen, ja zu unterwerfen. Einen großen Geist muss man in ihm auch nicht sehen und kann ihn trotzdem achten. »Er war nicht genial«, charakterisiert ihn Günter de Bruyn, »aber vernünftig, anpassungsbereit und bildungsfähig.«[188] Dass er ›auf Gründe hören‹ konnte, »Vernunft, Einsicht, Humanität«[189] besaß, hat auch Hannah Arendt an ihm hervorgehoben. Man darf aber bezweifeln, dass dies die Grundlage nur einer »Freundschaft«[190] zwischen ihm und Rahel gewesen sei – ebenso ihre Behauptung, Rahel sei es »nicht einmal« gelungen, »sich einzureden, sie liebe ihn.«[191]

Varnhagen seinerseits hat sie zweifellos geliebt – und geschätzt. Er hat die Briefstellerin und die Schriftstellerin zwar nicht erfunden, wohl aber entdeckt, und er hat sie berühmt gemacht. In jungen Jahren hatte Varnhagen, der u. a. mit Adelbert von Chamisso befreundet war, sich selbst als Dichter versucht, bald aber seinen Mangel an Talent eingesehen. Schließlich fand er zu sich als gewandter Publizist, dessen *Denkwürdigkeiten aus dem eigenen Leben* noch immer eine wichtige kultur- und literarhistorische Quelle sind. Seine größte literarische Leistung aber ist die Herausgabe der Briefe und Aufzeichnungen seiner Frau.

Varnhagen hat sich auch Rahel willig untergeordnet und ihr etwa versichert, ihr »Rhapsode«, ja ihr »Jünger und Verkündiger«[192] sein zu wollen. Ihre Bedeutung hat er gelegentlich überschätzt, so, wenn er sie die dritte große Gestalt des Judentums, nach Jesus und Spinoza, nannte. Seine Verehrung für Rahel erschien manchen übertrieben – etwa wenn er in Gesellschaft beflissen, wohl auch ein wenig wichtigtuerisch mitschrieb, was sie sagte. Man könnte ihn auch ihren Agenten oder Manager nennen – wäre es eine Geschäftsbeziehung gewesen, was sie verband. Die Herausgabe ihrer Briefe aber war ein Liebesdienst. Varnhagen hat nie an der geistigen Überlegenheit seiner Frau gezweifelt – ja, er dürfte sie auch deswegen geliebt haben. Varnhagen war, als Mann, von manchen Vorurteilen frei.

Für ihn spricht letztlich aber vor allem Eines: dass die Ehe glücklich war. Rahel hat das oft betont, wenngleich sie einräumte, schon bald nicht mehr verliebt gewesen zu sein. Ihr Bekenntnis wiegt jedoch umso mehr, als sie lange grundsätzliche Bedenken gegen das Heiraten hatte. Schon 1794 nannte sie die Ehe eine »Einschränkung«[193], und 1799 enthüllte sie ihrem Freund Karl Gustav von Brinckmann, wie sie darüber dachte: »Ich kann nicht heirathen; denn ich kann nicht lügen. (Denken Sie nicht, daß ich mir etwas darauf einbilde: ich kann nicht, wie man die Flöte nicht spielen kann.) Sonst thät ich's jetzt. Ich würde mir zur **tâche** und zum Lebensplan machen, einen Mann glücklich zu machen, der mich aus allen seinen Kräften liebt, und den meine Gegenwart schon beglückt. Aber ich kann mir keine Äußerung der Liebe für ihn abgewinnen: und es geht also nicht.«[194]

Rahel war überzeugt, dass sie einen Mann, ohne ihn zu lieben, nicht heiraten könne und dass die Ehe von beiden Seiten auf Wahrheit gegründet sein müsse. Varnhagen nannte sie später noch zwei weitere Bedingungen. Im September 1816 schrieb sie ihm, sie brauche »ganz die Freiheit des Bewegens der vereinzelten Persönlichkeit«[195] – und meinte dabei offenbar sich selbst: »du kennst mich: mein namenloses Freiheitsstreben.«[196] Die Angst um ihre Freiheit diktierte ihr auch einen ihrer kürzesten und stärksten Aphorismen: »Negerhandel, Krieg, Ehe! – und sie wundern sich, und flicken.«[197]

Die zweite Bedingung für eine Ehe war für Rahel später – Freundschaft. »Es ist mein einziger Freund auf der Welt«[198], schrieb sie 1813 Caroline von Humboldt über Varnhagen, »ich kann mit ihm alles über meine Empfindung zu ihm und Andern sagen.«[199] Das ›innerste Wesen‹ ihrer Verbindung sei »Wahrheit und Freyheit.«[200] Mit Varnhagen verband Rahel offenbar eine Liebesfreundschaft – weshalb es auch keine Herabsetzung, sondern im Gegenteil ein Lob ist, wenn sie ihn in ihren Briefen immer wieder als ›Freund‹ anspricht. Denn die Männer, in die sie sich zuvor verliebt hatte, waren ihr keine Freunde gewesen: keine ›Gleichgesinnten‹.

## *Die »Ecke des Mantels«*
## *Rahel und das Judentum*

Obwohl Rahel in eine jüdische Familie geboren wurde, verstand sie sich nicht unbedingt als Jüdin. Auf Juden und das Judentum, auch auf ihr eigenes, kam sie des Öfteren zu sprechen – und zumeist als ein Problem. Schon, weil es eine soziale, eine religiöse und eine politische Seite hat, ist ihr Verhältnis zum Judentum nicht auf einen Nenner zu bringen. Das große, alles beherrschende Thema ihres Lebens ist es allerdings nicht gewesen. In ihrem »Dasein« hat nach Karl Jaspers »das jüdische Problem eine sehr große, aber keineswegs allein eine Rolle gespielt.«[201]

Ihre Herkunft hat Rahel in jungen Jahren als eine Last empfunden. An David Veit schrieb sie am 22. März 1796: »Ich habe solche Phantasie; als wenn ein außerirdisch Wesen, wie ich in diese Welt getrieben wurde, mir beim Eingang diese Worte wie mit einem Dolch in's Herz gestoßen hätte: ›Ja, habe Empfindungen, sieh die Welt, wie sie Wenige sehen, sei groß und edel, ein ewiges Denken kann ich dir auch nicht nehmen, Eins hat man aber vergessen; sei eine Jüdin!‹ und nun ist mein ganzes Leben eine Verblutung.«[202]

Ähnlich hat sich Rahel immer wieder geäußert. Ihrer Freundin Rebecca Friedländer schrieb sie im Sommer 1806, es sei »widerwärtig, eine Jüdin zu sein«, weil man »sich immer erst legitimiren« müsse[203] – also nicht von Gleich zu Gleich behandelt werde. Varnhagen ließ sie am 27. Februar 1812 sogar wissen: »Ich bin eine Falschgeborne, und sollte eine Hochgeborne, eine schöne Hülle für meinen innren wohl ergiebigen Grund sein!«[204] Und als David Veit ihr im Oktober 1794 von seinem Studium in Jena berichtete, antwortete sie ihm: »Ich gratulire Ihnen ordentlich, daß keine jüdischen Studenten in Jena sind, übrigens goutir' ich, was Sie von der Nation sagten, und man muß doch heraus.«[205]

»Man muß heraus«: Der Wunsch ist nicht zuletzt ein Reflex der unwürdigen Lage, in der sich die meisten Juden, arm und ohne Bürgerrecht, damals noch immer befanden. Mit ihnen verband die Tochter des reichen Levin Markus sozial nicht viel. Ganz im Sinn der Aufklärer sah sie in den – gläubigen – Juden vor allem ein rückständiges Volk. Als sie sich entschloss, Varnhagen zu heiraten, erklärte sie ihrem Bruder Markus, sie treibe »auf einen Stand in der Welt: solche Leute, wie wir, können nicht Juden sein!«[206] Als einen Nachteil, ja zeitweise offenbar sogar als einen Makel hat Rahel ihre Herkunft vor allem deshalb empfunden, weil die Gesellschaft ihrer Zeit, auch die preußische, sie dazu machte. Zu denen gehören zu wollen, von denen sie zumeist abgelehnt wurde, war die soziale Tragik deutscher Juden, an der auch Rahel teilhatte.

Obgleich sie aus der ›Nation‹ herauswollte – Juden hasste sie dennoch nicht, wie ihr später gelegentlich unterstellt wurde. Einige ihrer besten Freunde waren Juden: von David Veit über Dorothea Schlegel bis zu Heinrich Heine. Es brauchte manchmal bezeichnenderweise auch nicht viel, dass sie, bei allem Abstand, stolz auf ihre

›Nation‹ war. Als sie, noch in Berlin, 1813 für wohltätige Zwecke Geld sammelte, schrieb sie Varnhagen hocherfreut: »Die Juden geben, was sie nur besitzen: an die wandt' ich mein Geschrei zuerst.«[207]

Bezeichnend ist ihr Brief von 1818 an Ernestine Goldstücker, die sich taufen lassen wollte. Rahel, die den Schritt schon getan hatte, bestärkte ihre Freundin in dem Entschluss. »Ich halte diese Namensveränderung für entscheidend wichtig«, teilte sie ihr mit. »Sie werden dadurch gewissermaßen äußerlich eine andere Person; und dies ist besonders nöthig.«[208] Mit der Taufe bekenne sie sich »zu der großen Klasse«, »mit deren Sitten, Meinung, Bildung, Überzeugung Sie Eins sind.«[209]

Dennoch solle sie, mahnte Rahel die Freundin, »in den neuern Judenhaß nicht miteinstimmen [...]: Sie werden sich ihrer jüdischen Geburt nicht schämen, und die Nation, deren Unglück und Mängel Sie dadurch genauer kennen, darum preisgeben, damit man nicht sage, Sie haben noch Jüdisches an sich! Lassen Sie sich in dem Muth, solche Vorwürfe nicht zu achten, durch die neubekannten religiösen Vorsätze stärken!«[210]

Rahel ermunterte Ernestine Goldstücker sogar, den Juden als »einer großen, begabten, und weit in Gotteserkenntnis vorgeschrittenen Nation«[211] weiter beizustehen. Ihr Brief lässt deutlich erkennen, wie respektvoll ihr eigenes Verhältnis zum Jüdischen auch nach der Taufe blieb.

Rahel löste sich vom Judentum nicht zuletzt, weil sie nicht viel mit dem jüdischen Glauben verband. Als sie im April 1812 »in der Bibel alle Reden und Gesetze in der Wüste« las, stellte sie fest: »Ich werde meiner Nation ganz abgewandt.«[212] Dagegen lobte sie, ein Jahr später, das Neue Testament und nannte das Johannesevangelium »wieder schön«.[213]

Das religiöse Judentum wollte sie dennoch nicht ächten. Im Oktober 1817 etwa bat sie Varnhagen, sich darum zu bemühen, »daß des Moses Mendelssohn Übersetzung der Bücher Moses, in wirklich deutschen Lettern – aber nicht lateinischen, sondern deutschen wie Luthers Bibel – gedruckt werde. […] die Übersetzung ist ein Meisterstück, ganz deutsch, und doch dem Originale nah. Wer aber kann sie mit den jüdischen Lettern lesen?«[214]

Das ist einer der wenigen Briefe Rahels, in dem die Idee eines deutschen Judentums aufscheint, das jüdisch dem Glauben nach, deutsch zumindest der Sprache nach ist. Offenbar konnte sie sich ein kulturell assimiliertes Judentum vorstellen, das der Religion verbunden blieb, die sie selbst aufgegeben hatte.

Dass das Christliche Rahel zumindest zeitweise mehr anzog, verraten einige Äußerungen. 1817 schrieb sie etwa: »Die menschliche Seele ist von Natur aus eine Christin.«[215] Was damit gemeint sein könnte, verrät eine Formulierung aus dem Brief an Ernestine Goldstücker, die sie aufforderte, »menschlich, d.h. christlich« zu sein.[216] Dieses ›Menschliche‹ hatte für Rahel einen Namen: Jesus. Ihn hat sie als den großen religiösen Menschen verehrt. An ihrem Verhältnis zu ihm hat sie sowohl gläubige Christen wie gläubige Juden gemessen: »Als Christus für einen Ketzer, Frevler und Rebellen gehalten wurde, waren seine Ankläger und Verfolger die Herrschenden, Betitelten, Uniformirten, mit dem siegenden großen Volke Alliirten. Deren Nachkommen aber, die Juden, sind bis heute, durch ihren bloßen Namen, noch aller Schmach Ausgesetzte; und die Nachkommen der Anhänger Christi sind die siegenden Verächter geworden. Der Rest gläubiger Juden hält sich aber noch für Aristokraten, und verachtet die ganze Christenheit: auf diese Weise gehen die Juden als warnendes Beispiel umher.«[217]

Diese »Geschichtsansicht«[218], 1831, zwei Jahre vor ihrem Tod aufgeschrieben, zeigt Rahel als Gläubige zwischen den Religionen – mit Vorbehalten gegenüber den christlichen Kirchen ebenso wie gegenüber der jüdischen Orthodoxie, verpflichtet nur dem verfolgten Jesus als Antipoden zu den »Herrschenden, Betitelten, Uniformirten«. Jesus stand für sie, auch als ›Christus‹, für mehr als eine Konfession.

Auch ihre Taufe war nicht schon das Bekenntnis zu einer Kirche. Ohne sie hätte sie nach damaligem Recht Varnhagen nicht heiraten können, weil Ehen nur kirchlich, aber nicht standesamtlich geschlossen wurden. Kritik am Christentum, etwa am Dogma von der Erbsünde, hat Rahel häufiger geäußert. Bezeichnenderweise rückte sie sogar von ihrem alten Salonbesucher Friedrich Schleiermacher ab, als er mit seiner Schrift *Die Weihnachtsfeier* kirchlicher wurde. »Schleiermacher«, schrieb sie 1816 ihrem Bruder Ludwig, »ist meines Bedünkens seit der ›Weihnachtsfeier‹ schon herab gestiegen.«[219] Wieweit Rahel sich gelegentlich vom Protestantismus distanzierte, belegt eine fast empörte Notiz, die sie sich machte, als sie wieder einmal den französischen Mystiker Louis Claude de Saint-Martin las: »Christus liebte das Fortschreiten: und sie wollen's ihm abstreiten; aber aus seiner Religion ward eine protestantische; und die protestirt immer fort! Wir haben uns gar nicht zu bekümmern, wohin!«[220]

Hannah Arendt dürfte Rahels Religiosität letztlich richtig beschrieben haben: »Sie glaubt weder an den Gott ihrer Ahnen noch an den des Christentums.«[221] Ihren Glauben habe Rahel als »ihre Privatangelegenheit« betrachtet und »niemanden zu ihm bekehren«[222] wollen. Tatsächlich schrieb Rahel 1825 in einer Aufzeichnung: »Religion kann nur sein: Bedürfniß, Frage; Bedürfniß uns zu reliieren.«[223] Dabei glaubte sie allerdings an einen persönlichen Gott: an Gott als eine Person – die sie kannte und im Blick hatte. Gott war immer *ihr* Gott. »Wenn ich auch leide«, zitierte Varnhagen sie in seiner Einleitung zum *Buch des Andenkens*, »ich bin doch glücklich, Gott ist ja bei mir, ich bin in seiner Hand, und er weiß am besten, was mir gut ist, und warum es so sein muß.«[224]

Für ihr Aufgehobensein in Gott hat Rahel ein anschauliches Bild gefunden: »ich durfte mich zu den Füßen Gottes auf eine Ecke seines Mantels legen, und da jeder Sorge frei werden; er erlaubte es.«[225] Das war ein Traum aus ihrer Kindheit, auch ein kindlicher Traum. Er verrät, dass sie nicht viel Wert auf Theologie legte. Sie glaubte auf ihre manchmal naive Weise, und das genügte ihr. Wie viele ihrer Zeitgenossen, etwa Friedrich Schleiermacher, dessen Reden *Über die Religion* sie besaß, stellte sie das Gefühl in den Mittelpunkt des Glaubens. Das gleiche Recht, im Glauben dem eigenen Gefühl zu folgen, billigte sie genauso anderen zu. So wurde sie auch keine eifernde Konvertitin.

Rahels Wunsch, ihre ›Nation‹ zu verlassen, hat sie insbesondere politisch nicht blind für deren Lage gemacht. Vor allem die antisemitischen Ausschreitungen im Sommer 1819 haben sie schockiert. Am 22. August schilderte sie ihrem Bruder Ludwig die Vorgänge in Karlsruhe ausführlich. Eine Woche später kam sie noch einmal auf die Pogrome zurück: »Ich bin *gränzenlos* traurig; und in einer Art wie ich es noch gar nicht war. Wegen der Juden. *Was* soll diese Unzahl Vertriebener thun. *Behalten* wollen sie sie: aber zum Peinigen u›nd‹ Verachten; zum Judenmauschel schimpfen; zum kleinen dürftigen Schacher; zum Fußstoß, und Treppenrunterwerfen.«[226]

Die Juden würde man »kraft Religionsauswüchse als Untergeordnete Wesen hassen, verachten und verfolgen.«[227] Mit den ›Religionsauswüchsen‹ waren christliche gemeint: »Die Gleisnerische Neuliebe zur Kristlichen Religion Gott verzeihe mir meine Sünde!, zum Mittelalter, mit seiner Kunst, Dichtung und Gräueln, hetzen das Volk zu dem *einzigen* Gräuel zu dem es sich noch an alte Erlaubniß erinnert, aufhezen *läßt!* Judensturm.«[228] Das ist Rahels entschiedenste Distanzierung von bestimmten Tendenzen der Spät-Romantik, die bis in die fragile Grammatik hinein ihre Empörung wiedergibt.

Für die antisemitischen Ausschreitungen machte sie aber nicht nur die Mittelalter-Verklärung mancher Künstler mitverantwortlich. Enttäuscht zeigte sie sich auch vom Verhalten einiger Kleriker: »in dem kleinen baierschen Ort wo man die Synagoge stürmte, das alte Testament zerriß *etc:* hätte ein Geistlicher vortreten sollen und vorstellen was das alte Testament *ist*, und was *alle* Religion bedeutet.«[229]

Rahel geriet ihr Resümee zu Religionskritik: »Eine herrschende Religion taugt nicht, das ist unreligiös. Dies war der faule Flek' im Judenthum, dies die Politik in dieser Religion *etc:*«[230] Das war Rahels Plädoyer für Toleranz und die Trennung von Religion und weltlicher Macht. Dass sie Partei nahm für die verfolgten Juden, denen sie sich nicht mehr zugehörig fühlte, war für sie eine Frage der Gerechtigkeit.

Rahel verstand das Jüdischsein als Zugehörigkeit zu einer religiösen und sozialen Minderheit, die sie glaubte für sich aufheben zu können. Sie war weit entfernt davon, Juden als eine Rasse anzusehen, wie einige radikale Antisemiten, etwa Karl Wilhelm Grattenauer, ein Freund von Gentz, das zu ihrer Zeit zu tun begannen. Allerdings begriff sie unter dem Eindruck der antisemitischen Ausschreitungen von 1819 das Judentum auch nicht, wie viele Juden nach dem Holocaust, als eine Schicksalsgemeinschaft, die man aus Solidarität nicht verlässt. Rahel glaubte als ein der Aufklärung verbundener Mensch, auch ihr Verhältnis zu ihrem Herkommen frei bestimmen zu können.

Dass sie sich ihre eigene Existenz, in ihrer Zeit, nur individuell vorstellen konnte, ist ihr von Spätergeborenen vorgeworfen worden. Hannah Arendt etwa hat nachzuweisen versucht, dass Rahels Assimilation scheitern musste. Ihre These – zugleich die Überschrift des letzten Kapitels ihres Buches – lautet: »Aus dem Judentum kommt man nicht heraus«[231], zumindest nicht als Einzelner. Dass auch Rahel das eingesehen habe, schließt Arendt aus Worten ihrer letzten Zeit, die Varnhagen überliefert hat: »›Welche Geschichte!‹ – rief sie mit tiefer Bewegung aus, –›eine aus Ägypten und Palästina Geflüchtete bin ich hier, und finde Hülfe, Liebe und Pflege von euch! [...] Mit erhabenem Entzücken denk' ich an diesen meinen Ursprung und diesen ganzen Zusammenhang des Geschickes, durch welches die ältesten Erinnerungen des Menschengeschlechts mit der neuesten Lage der Dinge, die weitesten Zeit- und Raumfernen verbunden sind. Was so lange Zeit meines Lebens mir die größte Schmach, das herbste Leid und Unglück war, eine Jüdin geboren zu sein, um keinen Preis möcht' ich das missen.‹«[232]

Diese Worte lesen sich auf den ersten Blick wie ein spätes Bekenntnis zum alten religiösen Judentum. Hannah Arendt hat allerdings nicht die ganze Äußerung Rahels zitiert. Sie hat die Worte ausgelassen, mit denen es endet: »Lieber August, mein Herz ist im Innersten erquickt; ich habe an Jesus gedacht, und über sein Leiden geweint; ich habe gefühlt, zum erstenmal es so gefühlt, daß er mein Bruder ist. Und Maria, was hat die gelitten! Sie sah den geliebten Sohn leiden, und erlag nicht, sie stand am Kreuze! Das hätte ich nicht gekonnt, so stark wäre ich nicht gewesen. Verzeihe mir es Gott, ich bekenne es, wie schwach ich bin.«[233]

Rahel ist sich mit diesen Worten als religiöser Mensch treu geblieben. Sie ist nicht zum Judentum zurückgekehrt und nicht zum Christentum gewechselt. Sie hat etwas von beidem in sich aufgenommen, allerdings auf ihre Weise verwandelt, sich angepasst. So betrachtete sie Jesus auch als ihren Bruder, nicht als Gottes Sohn.

Dass sie sich in ihrem eigenen, auch religiösen Leben als gescheitert oder zurückgewiesen empfunden hätte, ist aus ihren Worten nicht zu erschließen. Sie wollte wohl aus dem Judentum heraus-, konnte aber nicht vollkommen von ihm loskommen und hat sich am Ende mit ihrer Herkunft nicht nur abgefunden, sondern, wenn man Varnhagen glauben kann, auch versöhnt. Dass sie eine

Jüdin war, hatte sie allerdings nie vergessen, schon weil sie oft genug daran erinnert wurde. Aber sie wollte noch mehr sein eben als nur eine Jüdin oder nur eine Christin und sonst nichts weiter.

Rahel versuchte die Probleme ihrer sozialen und kulturellen Identität auf ihre Weise im Horizont ihrer Zeit zu lösen, in der »jüdische Angelegenheiten noch nicht explizit in politischen Termini gefaßt wurden.«[234] Sie glaubte an ein neues Zusammenleben von Juden und Deutschen auf der Grundlage der Aufklärung. Sie erkannte zwar auch die Spannungen, denen es ausgesetzt war, ohne dass jedoch deren schreckliche Wendung ein Jahrhundert später für sie absehbar gewesen wäre.

## *Der ›Göttliche‹*
## *Rahels Goethe*

Rahel Varnhagen war eine große Leserin. Mit der deutschen Literatur ihrer Zeit war sie vertraut, vor allem durch ihre Berliner Freunde und Bekannten, die Schriftsteller waren. Nach und nach lernte sie auch europäische Klassiker wie Homer oder Dante kennen. Besonders gründlich erschloss sie sich die französische Literatur, die sie im Original lesen konnte, und zwar Klassiker wie Corneille, Racine und Molière ebenso wie Zeitgenossen von Diderot über Voltaire bis zu Victor Hugo. Ihm schrieb sie sogar, als sie begeistert den *Glöckner von Notre Dame* gelesen hatte, einen Brief, den sie aber nicht abschickte. Madame de Staël und Benjamin Constant hingegen lernte sie persönlich kennen, als diese Berlin besuchten.

Auch im Umgang mit Literatur, wie in fast allem, hatte Rahel allerdings ihre eigene Art. Sie las nicht Bücher und legte sie dann beiseite – sie bedachte sie, prägte sich treffende Worte und Gedanken ein und wandte sie auf ihr Leben an. Ihr wichtige Stellen schrieb sie ab. So hielt sie es etwa mit Shakespeare, den sie möglicherweise über *Wilhelm Meisters Lehrjahre* kennen- und schätzen lernte. Immer wieder kam sie auf seinen *Hamlet* zu sprechen – zitierte ihn Mal um Mal (»Der Rest ist Schweigen«) und identifizierte sich schließlich sogar mit ihm: »Ich bin eine Art gesünderer, brünetter, vergnügterer Hamlet. Mit großer Bewunderung für Leute, die nicht so sind wie ich.«[235]

Oft wird Rahel, am Rand, der Berliner Romantik zugerechnet. Tatsächlich kannte sie alle wichtigen Autoren, die zu ihr gehörten, persönlich – von Friedrich de la Motte-Fouqué und Friedrich Schlegel über Clemens Brentano und Achim von Arnim bis zu Adelbert von Chamisso und E. T. A. Hoffmann. Ihr großer Autor aber war gleichwohl Goethe. »Goethe kann man immer brauchen«, erklärte sie 1818 einem Freund, »den Göttlichen hat man immer nöthig.«[236] Sein Werk begleitete sie tatsächlich durch ihr Leben.

Rahel hat offenbar alles von Goethe gelesen, was sie bekommen konnte. Sie kaufte die *Werke*, die von 1806 bis 1808 bei Cotta herauskamen, auch die *Ausgabe letzter Hand*, die ab 1827, wiederum bei Cotta, erschien, dazu verschiedene Einzelausgaben, selbst seine letztlich wenig erfolgreiche Zeitschrift *Ueber Kunst und Alterthum*. Auf einige Werke Goethes hat Rahel sich ausdrücklich bezogen, etwa auf *Torquato Tasso* und *Egmont*, *Wilhelm Meisters Lehrjahre*, den *Faust* und *Die Wahlverwandtschaften*, schließlich auch auf *Dichtung und Wahrheit*. Sie gehörten zum Kernbestand ihrer Bibliothek. Goethe-Zitate, zumal aus *Torquato Tasso* und *Egmont*, ziehen sich durch ihre Briefe.

Wann genau Rahel Goethe für sich entdeckt hat, ist schwer zu bestimmen. Jedenfalls besaß sie schon die ersten vier Bände der ersten Werkausgabe *Goethe's Schriften*, die Göschen ab 1787 druckte. Das war noch ungewöhnlich in ihren Kreisen. »Den Lessing hat doch jeder Jude«[237], schrieb sie 1795 David Veit. Unter den deutschen Juden war sie dagegen eine der frühesten Goethe-Verehrerinnen. Immer wieder warb sie für ihn. 1809 schrieb sie etwa ihrer Schwester nach Amsterdam: »Les't Goethens neuen Roman ›Die Wahlverwandtschaften.‹ Geistesstärkung!«[238] Solch eine Lektüreempfehlung dürfte Rahel oft abgegeben haben. Ihr zweiter Salon vor allem ist dann für die Berliner Goethe-Rezeption von nachhaltiger Bedeutung geworden, für die sie noch mehr getan haben dürfte als Goethes Freund vor Ort, Carl Friedrich Zelter.

Rahels Lob prägte sich, so Wilfried Barner, »früh den an Goethe Interessierten«[239] ein, gerade gebildeten deutschen Juden. Die Verehrung, die sie ihm entgegenbrachten, ist Teil ihrer Assimilation, auch wenn er selbst ihnen gegenüber ambivalent blieb. Mehr noch als Lessing, Schiller und Herder stand Goethe jedoch als Dichter für eine humanistische Kultur, in der deutsche Juden auch für sich einen Ort zu finden hofften. Zu ihr gehörten Individualität, weltbürgerliches Denken, Distanz zum Nationalismus und die Hinwendung zu einer Weltliteratur: Diesen Ideen verschrieben sich begeistert viele Juden.

Vor allem Rahels Briefwechsel mit David Veit gibt Aufschluss über die Goethe-Verehrung junger Juden vor 1800. Veit scheint der Erste ihrer Freunde gewesen zu sein, der gleichfalls von Goethe begeistert war. Immer wieder fällt in ihrer Korrespondenz sein Name. Eine Zeile aus dem *Tasso* wird Rahels Losungswort für die Freundschaft mit Veit: »Nur die Galeerensklaven kennen sich.«[240] Besonders glücklich war Rahel aber, als Veit ihr von seinem Besuch bei Goethe in Weimar berichtete und dabei erwähnte, dass er Rahel gelobt habe: »Ja es ist ein Mädchen von außerordentlichem Verstand, die immer denkt, und von Empfindungen – wo findet man das?«[241], zitierte er Goethe. Veits Freund Horn schrieb ihr, dass Goethe gesagt habe, sie sei »in jedem Augenblicke sich gleich«: »sie ist was ich eine schöne Seele nennen möchte.«[242] Dieses Lob dürfte ihr noch mehr bedeutet haben als später das Jean Pauls; seine ganze Bedeutung wird sie erkannt haben, als sie in *Wilhelm Meisters Lehrjahre* die »Bekenntnisse einer schönen Seele« las.

Im Unterschied zu Veit hat Rahel Goethe lange nur aus der Ferne bewundert. Im August 1795 begegnete sie ihm zwar das erste Mal in Karlsbad, wohin sie während ihrer Sommerkur von Teplitz aus einen Abstecher machte. Sie hat aber nicht viel darüber verlauten lassen. Veit schrieb sie am 14. August nur: »Oder war das nicht eigentlich das größte Recht, daß ich Goethe sah.«[243] Warum sie das glaubte, geht aus den Grüßen für Goethe hervor, die sie dann Veit und Horn auftrug: »grüßen sie ihn von dem Menschen, der ihn immer angebetet, vergöttert hätte, auch wenn ihn niemand rühmte, verstünde, bewunderte.«[244] Und sie fügte, etwas verdreht, den Satz hinzu: »daß sie ihn so respektirte, daß es einen Respekt gäbe, der sie allein zurückhielte, es ihm nicht zu sagen.«[245]

So hielt sie es tatsächlich. Das Angebot Karl Gustav von Brinckmanns 1796, sie mit Goethe bekannt zu machen, lehnte sie ab: »Sagen Sie ihm, wir kennten uns schon.«[246] Und Veit und Horn beschied sie knapp: »Ich seh ihn schon einmal wieder, das andere Kurjahr.«[247] Tatsächlich vergingen 20 Jahre, bis es wieder so weit war. In der Zwischenzeit unternahm Rahel nichts, um Kontakt zu Goethe aufzunehmen. 1813 gestand sie Caroline von Humboldt, deren Mann Wilhelm Goethe öfter aufsuchte, dass sie »keine Silbe, zum erstenmale von ihm« habe.[248] Goethe hat ihr tatsächlich nicht geschrieben – nur Varnhagen –, wohl vor allem, weil sie selbst erst gar nicht versuchte, einen Briefwechsel mit ihm zu eröffnen.

Dabei war sie überzeugt, dass sie von ihm »jedes Wort, jede Silbe, jedes Ach zu deuten« wisse, »seinem Leben dadurch wie zugesehen« habe, »immer mit ihm einverstanden und zufrieden war.«[249] Gern erwähnte sie, dass ihr Freund von der Marwitz sagte: »kein Mensch liebe ihn mehr als ich.«[250] Und Veit schrieb sie zu *Wilhelm Meisters Lehrjahre:* »Ja ich wäre ordentlich in dem Buche vorgekommen.«[251]

Erst 1815 ist sie ihm wieder begegnet, in Frankfurt a. M. In Niederrad sah sie ihn zufällig auf der Straße, in einer Kutsche an ihr vorbeirollend, lief ihm laut rufend voraus, verpasste dann aber die Gelegenheit, ihn anzusprechen – eine kleine Komödie. Sie zögerte zunächst, Goethe zu schreiben, und erklärte das Varnhagen so: »Ich weiß, wie du, daß Goethe viel an mir hätte: eine Sorte, die er noch nicht hatte: und dreist ging ich zu ihm, könnte ich es ihm in einem Gefäß reichen, auf einem Korbe darbringen, lebte er in einem Walde, wo er nicht gerne ist; aber hier in einer Familie, wo er sich ausruht, hat er, was er will, allein sein will; wie soll ich kommen, was soll ich sagen.«[252]

Dann schickte sie Goethe aber doch ein Billet – woraufhin er sie, ohne sich anzumelden, morgens in ihrem Quartier aufsuchte. »Dies ist den Brief werth«, schrieb sie am 8. September Varnhagen nach Paris: »Goethe war diesen Morgen um ein Viertel auf 10 bei mir. Dies ist mein Adelsdiplom.«[253] Sie war noch nicht angekleidet, empfing ihn im Morgenmantel: »ein schwarzer Wattenrock« – »so

trete ich vor ihn hin. Mich opfernd, um ihn nicht einen Moment warten zu lassen.«[254] Sie war von dem Besuch überwältigt und fühlte sich über die Maßen geehrt. Erst danach, und wiederum Jahre später, besuchte sie ihn auch in Weimar, zusammen mit Varnhagen, so 1825, als Goethe ihr eine Schreibfeder zum Geschenk machte.

Wie hoch Goethe schon in den 1790er-Jahren in Rahels Achtung stand, verrät ihr Wort aus einem Brief an Brinckmann vom August 1795: »Goethe wäre der Vereinigungspunkt für alles was Mensch heißen kann und will.«[255] Dass sie ihren »Ehrentitel« (Kemp) für ihn verwandte, verrät einen Grund ihrer Verehrung: seine »Menschengröße.«[256] Ihr hohes Lob variierte sie noch oft. In ihrer Neigung zum Adeligen nannte sie ihn auch den »König der Deutschen.«[257] Als sie Goethes »Verse zur neuen Ausgabe des Werthers« las, entfuhr es ihr: »Großer Mann! Großes Naturerzeugniß.«[258] Sie war überzeugt davon, dass er »so groß als irgend ein alter Dichter, aber der neue, moderne par excellence ist.«[259]

Für das Lob Goethes als eines großen Menschen gab es nur noch eine Steigerung. David Veit gestand Rahel im September 1796: »Goethe, und ich, sind so konfundirt in mir, daß ich mit seinen Worten empfinde – so falsch es ist – nicht einmal denke: ja, ja, es geht noch immer crescendo: der weiß es, was ich meine, er kann alles sagen. Es ist ein Gott!«[260] Das hat sie, ähnlich, öfter gesagt – aber nur ihren Vertrauten. Varnhagen etwa schrieb sie im November 1813, »daß ich ihn vergöttre.«[261]

Selbst wenn Rahel Goethes Werk hochschätzte – ihre Verehrung für ihn war im Letzten nicht ästhetisch begründet. Als 1808 der erste Teil des *Faust* herauskam, wagte sie zunächst nicht, das Buch aufzuschlagen – aus Angst vor einer Enttäuschung. Varnhagen erzählte sie davon: »Ein Fest war sonst ein neuer Band Goethe bei mir; ein lieblicher, herrlicher, geliebter, geehrter Gast, der mir neue Lebenspforten zu neuem, unbekannten, hellen Leben gewiß erschloß. Durch all mein Leben begleitete der Dichter mich unfehlbar, und kräftig und gesund brachte der mir zusammen, was ich, Unglück und Glück zersplitterten, und ich nicht sichtlich zusammenzuhalten vermochte. Mit seinem Reichthum machte ich Kompagnie, er war ewig mein einzigster, gewissester Freund, mein Bürge, daß ich mich nicht nur unter weichenden Gespenstern ängstige; mein superiorer Meister, mein rührendster Freund, von dem ich wußte, welche Höllen er kannte! – kurz, mit ihm bin ich erwachsen, und nach tausend Trennungen fand ich ihn immer wieder, er war mir unfehlbar.«[262] Das war auch nun, trotz ihrer anfänglichen Befürchtung, nicht anders: »Mein Freund hat es auch diesmal für mich ausgesprochen!«[263]

Rahel urteilte, wenn es um Goethe ging, nicht im Letzten als Literaturkritikerin. Ihr Verhältnis zu ihm war »kein bloß literarisches, sondern [...] ein existentielles«, wie Käte Hamburger erkannt hat.[264] Schon 1799 gestand Rahel ihrem Freund Brinckmann: »Sie wissen, was bei mir Goethe ist. Alles, mein ganzes inneres Leben, und er – ist Eins bei mir.«[265] Rahel fühlte sich mit Goethe tief verbunden, eben »konfundirt«, so als wäre er ein Teil von ihr, sie ein Teil von ihm. »Wie freut es meine Seele!«, schrieb sie Varnhagen, »doch eigentlich (du weißt es) mit Goethe'n gleich zu denken und zu fühlen, über unsere Geschichten und Helden: nicht umsonst, denn nicht ohne Grund empfand ich Welt und Licht, die Natur – eigentliche Geschichte – wie er.«[266]

Als Dichter war Goethe Rahels großes Bildungs-Erlebnis. Zumindest einige seiner Werke hielt sie für vollkommen und unerschöpflich; aus ihnen gewann sie ihre ästhetischen Maßstäbe. In ihm fand sie dabei den, der aussprach, was auch sie bewegte, der somit *für* sie sprach. Dadurch sah sie sich aufgewertet, denn es bedeutete zugleich, dass sie *wie* er dachte und fühlte.

Über einzelne Worte und Wendungen hinaus, die sie begierig aufnahm und fest bewahrte, gab er ihr aber auch Sprache – von der sie als junge Frau 1794 sagte, dass sie ihr nicht »so zu Gebote« stehe, »wie ich die Fähigkeit habe, in meinem Kopf alles schnell und zu meinem Gebrauch zu verarbeiten.«[267] Hannah Arendt hat sogar behauptet: »Daß sie sprechen kann, dankt sie Goethe.«[268] Eher müsste man wohl sagen: Rahel verdankte Goethe, dass sie *schreiben* lernte.

Das ist jedoch nicht so zu verstehen, dass sie wie er zu schreiben versuchte – das traute sie sich erklärtermaßen nicht zu. Aber die Lektüre seiner Schriften muss ihr die Überzeugung vermittelt haben, dass auch sie etwas mitzuteilen hatte. Es ist kein Zufall, dass ihre erste Veröffentlichung, von Varnhagen arrangiert, einem Werk Goethes galt: *Wilhelm Meisters Lehrjahre.* Das war ihr Entre Billet für die deutsche Literatur – umso mehr, als sie Goethes Beifall fand. Eine größere Ermutigung hätte es für sie kaum geben können.

Dass Rahel bei Goethe ›Menschengröße‹ erfuhr, heißt nicht nur, dass er ihr als großer Mensch erschien, sondern auch, dass er ihr half, vor allem als Dramatiker und Erzähler, Menschen zu verstehen. Dieses Verstehen schloss sie ein. Rahel las Goethe vor allem, um zu sich zu kommen, sich selbst zu verstehen, und sie hatte das Gefühl, dass ihr das mit seiner Hilfe auch gelang. Besonders durch seine Werke kam sie in Einklang, in ›vernünftige Verbindung‹ mit sich und anderen. »Goethe«, so hat es Käte Hamburger pointiert formuliert, »war ihr das Maß der klassischen Humanität errungener Harmonie«[269] – mit sich und mit den Menschen. Goethe war Rahel für ihr Menschsein unentbehrlich.

## *»Nennen Sie ja meinen Namen nicht!« Eine Schriftstellerin ohne Werk und Namen*

Auch wenn Jean Paul schrieb, Rahel versuche, »die hohe Freiheit der Dichtkunst in die Gebote der Wirklichkeit« einzubringen, wie eine ins Leben verschlagene Poetin, war sie doch keine Dichterin – weder nach den Begriffen ihrer noch nach denen unserer Zeit. Sie hat kein Werk hinterlassen, das man im engeren Sinn zur Dichtung rechnen würde. Sie hat keinen Roman, nicht einmal eine Novelle verfasst. Theaterliebhaberin, die sie war, brachte sie auch, anders als ihr weniger begabter Bruder Ludwig, kein Stück aufs Papier. Die Gedichte, die sie ihren Briefen beilegte, waren Gelegenheitsarbeiten, meist für Freunde und Verwandte bestimmt. Was sie neben den Briefen hinterließ, waren zunächst vor allem lose Blätter und Hefte mit Aufzeichnungen. Einiges, aber keineswegs alles davon ist in das *Buch des Andenkens* eingegangen. Eine vollständige Edition hat erst 2019 Ursula Isselstein vorgelegt.[270]

Rahel schrieb viel, aber sie hatte, typisch für Frauen ihrer Zeit, lange nicht den Ehrgeiz, als Autorin bekannt zu werden. Von sich aus bot sie nichts zum Druck an. Sie wurde gefragt oder aufgefordert, wenn Varnhagen nicht einfach die Sache in die Hand nahm. So war es, als er erstmals Äußerungen von ihr sammelte und 1812 unter dem Titel *Ueber Goethe* »Bruchstücke aus Briefen«, ihren vor allem, veröffentlichte – nachdem er sie Goethe vorgelegt hatte. Der lobte, mit sicherem Urteil, besonders Rahels – ohne Namen gezeichnete – Äußerungen über ihn.

Auch Ludwig Börne druckte in seiner Zeitschrift *Die Waage* 1821 Auszüge aus Briefen Rahels ab, wiederum ohne dass ihr Name genannt wurde. Ihr Bruder Ludwig gab 1827 *Bemerkungen weniger für Deutsche als für Franzosen, über Goethe's Tasso* heraus, ein Lieblingsdrama seiner Schwester. Insgesamt kamen zu Rahels Lebzeiten so elf anonyme oder pseudonyme Veröffentlichungen zustande: Briefe und Auszüge aus Briefen, Aphorismen und Reflexionen. Alles in allem war das nicht viel, jedenfalls nicht genug selbst für einen bescheidenen Nachruhm. Bezeichnenderweise sind auch diese Texte erst spät herausgegeben worden.[271]

Dass Rahels Name nicht genannt wurde, war ihr eigener Wille. Als der Schweizer Arzt und Publizist Ignaz Troxler über sie schreiben wollte, beschied sie ihn kurz: »Von mir, Lieber, können Sie sagen was Sie wollen, nur meinen armen Namen nicht! Er ist mir so bequem wie ein dunkeles Kleid, von dem man sich einbildet, es hielte auch warm; würde er hell, es fröre mich, ich könnte mich nicht mehr einwicklen, und stünde mit meinem Wuchs ganz embarrasirt.«[272]

Diesen Brief unterzeichnete sie, fast zwei Jahre nach ihrer Taufe, nur mit »R.« – so als wollte sie mit ihrer Initiale andeuten, dass ihr Name für Freunde und Bekannte, nicht aber für eine Öffentlichkeit bestimmt war. Die Metapher vom Eigennamen als Kleid war im Übrigen eine weitere Goethe-Anspielung: In *Dichtung und Wahrheit* nennt er den eigenen Namen einmal »ein vollkommen passendes Kleid.«[273]

Irgendwann muss Rahel Troxler allerdings etwas zur Veröffentlichung überlassen haben. Unter dem Titel *Bruchstücke aus Briefen und Dokumenten* druckte er noch im selben Jahr einige kurze Texte von ihr. Er versah sie mit einer Einleitung, die »die erste öffentliche Würdigung Rahels«[274] darstellt, allerdings, wie vereinbart, ohne ihren Namen zu erwähnen.

Dass Rahel ihre Veröffentlichungen nicht mit ihrem Namen zeichnete, hat ihre Herausgeber und Herausgeberinnen in eine gewisse Verlegenheit gebracht. Ihre Texte erschienen, als sie schon »Frau Varnhagen« war. Die frühesten schrieb sie aber noch als »Fräulein Levin«. Soll man nun die Autorin als »Rahel Varnhagen«, »Rahel Levin«, »Rahel Levin Varnhagen« oder, wie sie es am Ende nahelegte, einfach als »Rahel« anführen? Der Verzicht auf den Namen sowohl des Vaters wie des Ehemannes hat in ihrem Fall den Vorteil, dass er sie auch literarisch zunächst als ›weiblichen Menschen‹ kennzeichnet.

Nicht nur, weil sie »nicht genannt zu werden«[275] wünschte, drängte es Rahel nicht, zu veröffentlichen. Immer wieder zweifelte sie auch am Schreiben. Sie hatte dafür gleich mehrere Gründe. Das Leben, auch die Menschen hielt sie in der Regel für reicher als die Literatur – von wenigen Ausnahmen abgesehen, zu denen nicht zuletzt Goethe gehörte. 1802 bat sie etwa ihre Freundin Wilhelmine von Boye einer anderen »verständlich« zu machen, warum sie nicht schreibe: »und wie schreiben nichts ist; nur Leben.«[276]

Rahel zweifelte aber auch an *ihrem* Schreiben. Es stand

bei manchen ihrer Bekannten unter dem Verdacht, ungenügend zu sein. Vor allem Clemens Brentano hat ihr den Vorwurf, mit viel Hohn, noch 1813 gemacht: »Sie, Unglückliche, können wirklich nicht schreiben, vielleicht auch nicht sprechen. Wie kommen sie zu den entsetzlichen Ausdrücken *urgent*, *stupid*, *acharniert*, *satisfaction?* Der erste und dritte ist so gräßlich, daß sie, gegen eine Amme gesprochen, ihr die Milch in den Brüsten könnten gerinnen machen.«[277]

Man darf annehmen, dass Brentano Rahel gleich doppelt verletzen wollte: als Frau, die sich angeblich erschreckend unweiblich ausdrücke, und als Jüdin, die in Fremdwörtern schwelge, die vor allem verrieten, dass Deutsch nicht ihre erste Sprache sei. Dass Rahel noch lange an ihrem literarischen Talent zweifelte, dürfte sie auch Brentano zu verdanken gehabt haben.

Allerdings hatte sie selbst Zweifel, ob das, was sie schrieb, schon Literatur sei. Sie war darin nicht die Einzige; auch Karl Gustav von Brinckmann sah ihre Äußerungen, die er notierte, wohl als »vorliterarisch«[278] an. Sie selbst schrieb noch 1829 Fouqué, als er in den von ihm redigierten *Berlinischen Blättern für deutsche Frauen* Texte von ihr veröffentlichen wollte: »Nennen Sie ja meinen Namen nicht! Nicht daß ich nicht willig, ja gerne, eine Schriftstellerin wäre. Ich schämte mich nicht, ein Neutonisches Werk über Sternkunde, oder Mathematik zu schreiben: aber kein Werk hervorbringen zu können, und doch drucken zu lassen, da wandelt mich Scheu an.«[279]

Es war eine letztlich ästhetisch begründete Scheu, die Rahel so beschrieb. Sie verrät eine lange anhaltende

Prägung durch die klassische Ästhetik, deren wichtigsten Vertreter sie in Goethe bewunderte. Auch weil sie ihr nicht genügen zu können glaubte, nannte sie sich selbst gelegentlich »großbegabt sitzen geblieben«.[280]

Tatsächlich hinterließ Rahel, außer ihren Briefen, ein großes »Textsammelsurium«[281]: Hunderte Seiten von Aufzeichnungen unterschiedlicher Art, von denen manche nur aus einem Satz bestehen. Dem, was sie schrieb, fehlte offenbar der »angeborne Trieb des durchaus organisierten und organisierenden Werks, sich zu einem Ganzen zu bilden«[282], den Friedrich Schlegel in seinem Essay über *Wilhelm Meisters Lehrjahre* lobte. Rahel dachte an ein solches Gebilde vor allem, um zu betonen, dass es ihr nicht gelinge. Karoline von Woltmann gestand sie am 26. März 1818, sie sei zwar »weich und hülfreich«, »stark und gewandt, das eigene Leben zu ertragen«: »aber sonst Schönes, Kunstwerken zu Vergleichendes«[283] habe sie nicht zuwege gebracht.

# *»Von mir kann man Sprüche pflücken« Die Aphoristikerin*

Gleichwohl wird man der schreibenden Rahel nicht gerecht, wenn man sie nur als eine Schriftstellerin ohne Werk im klassischen Sinn charakterisiert. Ein großes Buch, in sich geschlossen und abgeschlossen, zu veröffentlichen, war damals schon nicht mehr die notwendige Bedingung dafür, als Autor zu gelten. Das hatte Rahel gerade bei den mit ihr befreundeten Romantikern, zumal bei Friedrich Schlegel erlebt, der früh, neben seinen Essays, auch für die ›Fragmente‹ genannten Aphorismen berühmt wurde, die er ab 1797 veröffentlichte. An den ›Fragmenten‹, die wenig später in der romantischen Zeitschrift *Athenäum* erschienen, hatten zudem sein Bruder August Wilhelm und seine Freunde Schleiermacher und Novalis mitgearbeitet. Rahel kannte sie alle, und sie wusste irgendwann, dass auch sie so schreiben konnte.

Troxler, als er sie um Texte bat, erklärte sie: »Aber schreiben kann ich doch nichts, lieber Dr. Troxler, was Sie zum Druck gebrauchen könnten. Ich kann nur Briefe schreiben; und manchmal einen Aphorism; aber absolut über keinen Gegenstand, dem man mir, oder ich mir selbst vorlegen möchte.«[284]

In der Tat war Rahel eine Aphoristikerin. Sie hat das, ihres Talentes bewusst, des Öfteren betont. Auguste Brede ließ sie am 5. Januar 1818 wissen: »von mir kann man Sprüche pflücken«[285], und Ernestine Goldstücker schrieb sie: »ein paar kluge Gedanken kommen manchmal zum Vorschein.«[286] Ihrem Freund Oelsner, selbst Aphoristiker, bekannte sie 1822, sie »liebe Gedanken, Denken und Einfälle immer mehr«: »ich glaube, je weniger ich habe; sie ergötzen und stärken mich ungemein. Sie heilen und flicken mich aus.«[287]

Aphoristikerin war Rahel zunächst im Gespräch. Ihre Äußerungen gegenüber Auguste Brede und Ernestine Goldstücker lassen sich in ihrem Zusammenhang sowohl auf ihre Geselligkeit wie auf ihre Korrespondenz beziehen. Wie die Versuche Brinckmanns oder Varnhagens, Rahels Aussprüche aufzuzeichnen, kann man sie auch als Hinweis darauf lesen, dass sie ähnlich schrieb, wie sie sprach. Aphorismen flossen in ihre Gespräche ein, und Aphorismen hat sie aus ihnen gelöst, aufgeschrieben und mitgeteilt. Peter Seibert hat dafür einige Beispiele gesammelt.[288] Ihre im Gespräch geäußerten, wohl auch oft spontan formulierten Aphorismen trugen dazu bei, dass ihr Salon nicht nur soziale, sondern auch »ästhetische Praxis«[289] war: ein Ort der Redekunst.

Neben Briefen und Auszügen aus Briefen veröffentlichte Rahel zu Lebzeiten selbst vor allem Aphorismen – oder ließ sie veröffentlichen. Die kleine Prosa diente ihr dabei wesentlich zum Ausdruck ihrer Gedanken: Sie ist Gedanken-Prosa. Bezeichnenderweise trägt Rahels letzte Veröffentlichung, in Fouqués *Berlinischen Blättern für Deutsche Frauen*, den Titel »Denkblätter einer Berlinerin«.

In der deutschen Literatur war sie nicht die Erste, die solche kurze Prosa schrieb. Auch die Romantiker waren das nicht. Nicht zufällig entdeckte Rahel für sich Georg Christoph Lichtenberg, der seit 1765 von ihm ›Sudelbücher‹ genannte Notizhefte vor allem mit Aphorismen und Reflexionen füllte. Rahel besaß die erste Ausgabe seiner Schriften, die posthum ab 1800 erschien. Wieweit er, neben den Romantikern, sie zum Schreiben angeregt hat, verrät ihre Bemerkung: »Lichtenberg hat Recht: man sollte unaufhörlich aufschreiben (ein Sonnenkuk), so rückt man, sagt er, die Lücken zusammen, in denen einem nichts einfällt: u. s. w. sehr schön.«[290]

Einige ihrer Aphorismen hat dann Varnhagen in das *Buch des Andenkens* aufgenommen, durchweg unter der nicht ganz zutreffenden Überschrift »Aus dem Tagebuch«. Rahel selbst sprach gelegentlich von ihren ›Denk-‹ oder ›Merkbüchern‹ – was mindestens genauso zutreffend ist wie ›Tagebücher‹. An diesem Begriff mag es auch liegen, dass in der einschlägigen Forschung lange übersehen wurde, dass Rahel eine begabte Aphoristikerin war – die Erste in der deutschsprachigen Literatur vor der fast ein halbes Jahrhundert jüngeren Marie von Ebner-Eschenbach, die lange dafür galt.

Rahels Aphorismen, oft knappe Definitionen, beeindrucken außer durch ihren Scharfsinn vor allem durch ihre Menschenkenntnis – wie man es von Klassikern der Gattung wie Balthasar Gracián und den Französischen Moralisten gewohnt ist. Sie sind voll von originalen und originellen Gedanken und Formulierungen über Menschen, menschliche Eigenarten und menschliche Verhältnisse:

Man lernt spät lügen, und spät die Wahrheit sagen.[291]

Die niederträchtigsten Menschen sind die, welche, was sie in sich loben, nicht auch in Andern ehren.[292]

Es gibt Leute mit schönen Fähigkeiten, aber von geringer Denkungsart.[293]

In der geringsten Stube ist ein Roman, wenn man nur die Herzen kennt.[294]

Düngen Sie mit Verzweiflung, – aber sie muß ächt sein – und Sie werden vortreffliche Ärnte haben.[295]

Schlechte Skribenten. Wer wird sich denn dadurch, daß sie sich drucken lassen, zu ihrem Umgang zwingen lassen![296]

Es wird eine Zeit kommen, wo Nationalstolz […] eben so angesehen werden wird, wie Eigenliebe und andere Eitelkeit; und Krieg wie Schlägerei. Der jetzige Zustand widerspricht unserer Religion. Um diesen Widerspruch nicht einzugestehen, werden die entsetzlichen, langweiligen Lügen gesagt, gedruckt und dramatisiert.[297]

Wir verlieren alles, was wir lieben: am Ende das was wir kennen, das Leben.[298]

Eigenthum? eigenthümlich? Unser Eigenthum ist nur das, was uns keiner nachmachen kann. Dazu gehört noch unser Sein.[299]

Verdammt sein, sich zu verdammen.[300]

Alt will keiner werden: jung soll keiner sterben. Daran kann man's sehen! –[301]

Ich finde den ganzen Unterschied in der Menschen Geister nur bei'm Fragen: antworten können sie alle nur auf dieselbe Weise.[302]

Da mir durch den dunklen Mutterleib geholfen ward, so habe ich alle Hoffnung.[303]

Beten ist ein sich Fassen, ein Zusammensammlen mit anderm Willen, mit vereinfachtem allgemeinen soll geschehn, gedacht, empfunden, eingesehn werden. Wir fliehen in's Centrum. – [304]

Immer Gerechtigkeit für Andre: Muth für uns selbst. Das sind die zwei Tugenden, worin alle andern bestehn.[305]

Was die Aphorismen allem, was Rahel sonst geschrieben hat, voraus haben, ist konzentrierte Klugheit und stilistischer Glanz. Wie Lichtenberg hat sie sich in ihnen als ein selbst denkender Mensch gezeigt, der seinen eigenen Gedanken so nachgeht, dass sie auch mitteilbar werden: als Anregungen und Angebote zum Nach- und Weiterdenken. Dadurch ist sie eine der wenigen bedeutenden Aphoristikerinnen der deutschen Literatur geworden.

Über die Frage, wieweit ihre ›Sprüche‹ und ›Gedanken‹ weibliche Urheberschaft verraten, hat Rahel selbst räsonniert. Als Troxler einige ihrer Aphorismen anonym veröffentlichte, schrieb sie ihm: »Ich gestehe aber doch zu, für den ersten Blick haben auch meine Blätter nicht das Ansehen, von einer Frau herzurühren: aber will man sie, bei einem zweiten, einem Manne zuschreiben, so geht das noch weniger. Welch ein Dichter müßte das sein, eine Personnage in der Art lyrisch aufzuführen! Selbst die ganze Polemik in ihr ist ein Seufzer, der nur Gedanken aufwühlt, und herumwirbelt, weil er sie als Nachbarn vorfand. Hier und da, that solches Goethe, und Shakespeare. Hamlet, Aurelie, der Baron in den Wahlverwandtschaften, Faust, sprechen manchmal so: d. h. ganz anders, und doch so! dies fehlt den letzt erfundenen Personnagen Schillers ganz. Es ist nicht uninteressant, einen sonderbar geformten Menschen, wenn er wahrhaft ist, über sich selbst zu vernehmen: drum enthielt ich mich hier meines Ausfalls nicht!«[306]

Rahel wollte für sich nicht in Anspruch nehmen, was man heute weibliches Schreiben nennt. Aber für einen männlichen Schriftsteller wollte sie noch weniger gehalten werden. Sie verstand sich als Frau, auch in ihrem Schreiben, vor allem aber als einen »sonderbar geformten Menschen«, wie er in der Literatur nur selten dargestellt werde. Das nicht zuletzt rechtfertigte es für sie, ihre Aphorismen zu veröffentlichen. Bezeichnenderweise bemerkte sie, Gentz gegenüber, einmal von ihnen, sie seien »für mich destillirte Essenzen meist aus Lebensschmerzen«[307] – weshalb sie auch manche von ihnen datierte. So hat sie nicht nur die Zeit ihrer Entstehung vermerkt, sondern auch einen Bezug zu ihrem Leben hergestellt, der allerdings oft nicht mehr genau aufzuschlüsseln ist.

## *»Wenn ich an Menschen schreibe« Die Briefstellerin*

Erst nach Rahels Tod hat die Öffentlichkeit erkennen können, dass sie nicht nur eine große Gesprächskünstlerin, sondern zumindest auch eine große Briefschreiberin war – ja, ein »Briefsteller.«[308] Diesen Ausdruck, eine Analogiebildung zu ›Schriftsteller‹, hat sie schon 1808 verwendet, wenngleich nicht für sich. Er trifft aber in mehr als einer Hinsicht auch auf sie zu, schon weil sie, bereits bevor sie Varnhagen kennenlernte, mit der Absicht gespielt hat, ihre Briefe zu veröffentlichen, und deshalb nach und nach sichtlich mehr Mühe auf sie verwandte.

Zu korrespondieren war Ende des 18. und Anfang des 19. Jahrhunderts unter Gebildeten geradezu Mode, möglich gemacht durch den ständigen Ausbau des Postwesens. Rahels Zeit war, vor der Erfindung des Telegrafen und noch später des Telefons, die große Epoche der Brief-Kommunikation. Private und dienstliche oder geschäftliche Angelegenheiten mussten bei räumlichem Abstand brieflich verhandelt werden. Wer das eine oder das andere zu tun hatte, setzte Briefe auf, und nicht wenige schrieben ausgesprochen viele. Goethe etwa hat alles in allem wohl ungefähr 20.000 verfasst und mehr noch erhalten. Auch Rahel war eine fleißige Korrespondentin; ca. 6.000 Briefe von ihr sind überliefert. Kein Frauenleben vor ihr ist so gut dokumentiert.

Briefe standen damals hoch im Kurs. Große Sammlungen stellten einen beträchtlichen, materiellen wie immateriellen Wert dar, zumal wenn die Verfasser einen Namen hatten. Bezeichnend dafür ist, was Varnhagen 1808 Rahel aus Bayreuth schrieb, wo er Jean Paul aufgesucht hatte: »Ich war so eitel, liebe Rahel, ihm zu sagen, daß ich an die dreitausend Briefe von Dir hätte, worüber er vor Neid platzen wollte.«[309]

Der erste von der 16-jährigen Rahel auf Deutsch geschriebene Brief, der erhalten ist und auch das *Buch des Andenkens* eröffnet, ist an ihren Bruder Markus gerichtet und beginnt mit dem Satz: »Meiner Rechnung nach bist du mir eine Antwort schuldig.«[310] Rahel hat zahllose Briefe abgeschickt, in denen sie Freunde, Bekannte oder Verwandte aufforderte, ihr zu schreiben. Briefe, mit der Hand geschrieben, waren ihr unentbehrlich, wie vielen anderen Zeitgenossen auch. Sehnsüchtig hat sie auf Briefe gewartet, sie aufmerksam gelesen und beantwortet und dabei nicht selten auch gleich wieder eine Antwort eingefordert.

Sie war nicht die Einzige, deren Wohlergehen davon abhing, wie oft und wie intensiv sie im brieflichen Austausch mit anderen stand. Noch ein Jahrhundert später war z. B. auch Franz Kafka ein solcher Briefsteller und -besteller. »Was meinen Sie«, fragte er am 29. Mai 1920 seine Freundin Milena Jesenská, »kann ich noch bis Sonntag einen Brief bekommen? Möglich wäre es schon. Aber es ist unsinnig, diese Lust an Briefen. Genügt nicht ein einziger, genügt nicht ein Wissen? Gewiß genügt es, aber trotzdem lehnt man sich weit zurück und trinkt die Briefe und weiß nichts als daß man nicht aufhören will zu trinken.«[311]

Rahel und Franz Kafka hätten sich in diesem Punkt bestens verstanden. Auch sie trank Briefe, dürstete nach ihnen und konnte nicht genug von ihnen bekommen. Dahinter steht ein unstillbarer menschlicher Wunsch nach Verbindung und Austausch, der auch im E-Mail- und SMS-Zeitalter weiterlebt.

Rahel war ganz auf Kommunikation ausgerichtet – nach mündlicher im Gespräch, nach schriftlicher im Brief. Es mag naheliegen, das eine mit dem anderen in Verbindung zu setzen. Was den Brief mit der Gesprächsäußerung verbindet, ist der Bezug auf einen anderen Menschen. Er gibt auch dem Brief einen gewissen dialogischen Charakter. Hannah Arendt hat behauptet, dass er für Rahel vor allem die Fortsetzung des Salongesprächs gewesen sei, bloß mit räumlich entfernten, abwesenden Gesprächspartnern: »Der Brief ersetzt das Gespräch.«[312] Allerdings gilt das nicht immer. So verriet Rahel etwa Varnhagen am Anfang ihrer Beziehung: »Manchmal gelingt es mir, was ich nicht sagen kann, zu schreiben, und auch umgekehrt.«[313]

Der Brief hat tatsächlich sein eigenes Recht. Der räumliche und zeitliche Abstand zum Adressaten ist nicht unbedingt ein Mangel. Er eröffnet vielmehr den Raum zum Nachdenken, den Rahel brauchte und suchte, und er schenkt Zeit zum Formulieren. So wird man in ihren Briefen auch immer wieder Passagen finden, die mündlichen Äußerungen ähnlich sind, ja geradewegs aus einem Gespräch zu stammen scheinen – und Wendungen, die kaum anders als schriftsprachlich denkbar sind.

Wenn man Rahels Briefe liest, wird man auch darüber hinaus schnell ihres Reichtums gewahr. Es ist ein

Reichtum der Formen, des Tones, der Inhalte, auch der Sprache. Rahel hat Familien- und Geschäftsbriefe geschrieben, Liebes- und Bettelbriefe, nicht für sich, sondern für andere, Beileidsschreiben und Einladungen, Anfragen und Nachfragen, Erkundigungen und Mitteilungen. Sie hat an viele verschiedene Adressaten geschrieben: an Verwandte, Bekannte und Freunde, unter ihnen Bürger und Adelige, Juden und Nicht-Juden, Deutsche, Österreicher und Franzosen, Intellektuelle, nicht zuletzt Schriftsteller und Wissenschaftler, schließlich Politiker. Mit manchen, etwa mit Friedrich Gentz, Pauline Wiesel, David Veit und Alexander von der Marwitz, schließlich mit Karl August Varnhagen, hat sie über lange Zeit zahlreiche Briefe gewechselt, die Barbara Hahn im Zusammenhang untersucht hat.

Rahel verfügte über ein großes epistolarisches Register. Sie schrieb kurze, billetartige Briefe – und episch lange. Manche Briefe sind offenbar komponiert – zumindest behauptet sie das. Andere sind erklärtermaßen »spontan« oder, wie es bei ihr heißt: »spontané«. Varnhagen schrieb sie dazu 1813: »O August! daß wir jetzt in diesem bewegten Strom von Empfindungen und blitzenden Gedanken getrennt leben müssen. Bei mir verliert man unendlich viel, weil bei mir alles so spontané ist: ich schütte das nun alles in Reden, Briefen – die ich einmal schreiben muß – und Billets Andern hin; die es nun und nimmermehr so in sich aufnehmen.«[314]

Ein »Strom von Empfindungen und blitzenden Gedanken« sind die meisten Briefe Rahels. In ihnen steckt immer viel – und viel Verschiedenes. Manche Briefe enthalten Aphorismen und Reflexionen, manche verfolgen ganze Gedankengänge und nähern sich schon dem Essay. Wieder andere sind kleine Erzählungen aus Rahels Leben, Wiedergaben von Träumen oder Anekdoten, die sie hörte. Gern berichtete sie über ihre Lektüren und verfasste dabei literarische Reflexionen und Kritiken, die aber nicht dazu bestimmt waren, gedruckt zu werden. Mancher Brief, etwa der an Auguste Brede vom 10. Mai 1814, enthält eine glänzende Theater- oder Musikkritik.

Die meisten Briefe Rahels sind allerdings Selbsterklärungen, auch Selbstbekenntnisse: Konfessionen. Sie enthüllte, wem sie vertraute, ihre Gedanken und, mehr noch, ihre Gefühle. Nicht selten breitete sie ihre augenblickliche Befindlichkeit aus, begeistert oder bedrückt, humorvoll oder pathetisch, immer aber um Wahrhaftigkeit bemüht. Was sie Jean Paul schrieb: »Ich laß' Sie bis in mein Innerstes sehen«, gilt für einen Großteil ihrer Korrespondenz. Ihre intimen Briefe charakterisierte sie mitunter auch so, dass sie ihr »Herz aufklappte«[315], ihr »Bewußtsein aufschlug«[316] oder dass sie ihre »Angst abschreibe.«[317]

Gleichwohl ist nicht alles auf sie selbst bezogen, was sie ihren Briefen anvertraute. Fast immer nahm sie auch Bezug auf das, was man ihr zuvor mitgeteilt hatte, wie durchweg in den Briefen an David Veit. Nicht selten ging sie ausführlich auf die Lebenssituation ihrer Adressaten ein, so etwa auf die Taufe Ernestine Goldstückers. Mitunter porträtierte oder analysierte sie auch ihre Briefpartner, eingehend und durchweg wohlwollend, so etwa Pauline Wiesel. Dass Rahel auch darüber hinaus, selbst wenn sie von sich sprach, noch an den anderen dachte, verrät ihre Aufzeichnung über das »Wunder der Mitteilung«: »Ja, wie Flammen sind wir; Einer kann den andern entzünden; Einer des Anderen Verständniß beleben das Herz flott machen, wahrhaft beglücken.«[318]

Im Umgang mit den verschiedenen Briefpartnern entwickelte Rahel ihre eigene Sprache: ihre »Schreibekunst.«[319] Kennzeichnend für sie ist der manchmal fast übergangslose Wechsel der Stillagen. Sie konnte anschaulich und abstrakt formulieren, poetisch und philosophisch, gewählt und dialektnah. Sie war in der Lage, Vorkommnisse aus ihrem Leben zu erzählen, eigenständig Gedanken zu entwickeln und Beobachtungen und Deutungen immer wieder, blitzartig-aphoristisch, zuzuspitzen.

Auffällig ist auch ihr ganz eigenes Vokabular. Es besteht aus hoch- und umgangssprachlichen Wörtern, gemischt mit fremdsprachlichen, oft französischen Ausdrücken und mit allerlei Neuschöpfungen. Rahel erfand gern Wörter, die man zu einem kleinen Lexikon zusammenstellen könnte. Dabei nutzte sie die Freiheit der deutschen Sprache zu Neubildungen wie »abgemattet«[320], »Erdentochter«[321], »Federverstummen«[322], »haar-richtiges Betragen«[323], »Kehlenfertigkeit«[324], »Kopfungelenkigkeit«[325], »Liebesfreundlichkeit«[326], »Luftscheu«[327], »Original-Unart«[328], »Schriftmenschen«[329], »Segenanwünschung«[330] oder »Wortqualm«[331]. Sie liebte Metaphern wie »Ein Emigrant im Herzen«[332], »Meine Leidensgruft, das Stammhaus meiner Qual«[333] oder »Das Herz ist ganz im Dunkeln«[334], außerdem Tier-Vergleiche wie »ein Windhund, den immer friert«[335] oder »Wie eine Pute zum erstenmal auf fremdem Hof«. [336] Beide Male sprach sie von sich.

Bei aller Originalität darf man die Korrespondenz Rahels aber nicht mit falschen ästhetischen Maßstäben messen. Auch das *Buch des Andenkens* ist kein Werk im strengen und ein Buch nur in einem äußerlichen Sinn – weil es eben gebunden ist. Über Fouqués provenzalische Sage *Sängerliebe*, deren ersten Band er ihr 1816 zusandte, schrieb sie ihrer Freundin Karoline von Woltmann: »Haben Sie F. neuste Blätter gelesen? Ich nenne es Blätter, weil es absolut kein Buch ist: nur wie ein Kopf, aus dem sich dereinst eines gestalten sollte: und, so genommen, ungemein interessant.«[337]

Das Gleiche ließe sich vom *Buch des Andenkens* sagen. Es ist eine Sammlung von Briefen, die mal in einem Zusammenhang miteinander stehen, mal nicht. Sie lassen vor allem den Kopf erkennen, der sie verfasst hat: die Persönlichkeit der Verfasserin. Das allerdings macht sie ungemein interessant.

Nicht zu übersehen, bei allem Reichtum der Briefe im Ganzen, sind aber auch ihre Unzulänglichkeiten im Einzelnen. Bei Weitem nicht alle können künstlerischen Ansprüchen genügen. Sprachlich makellos sind sie kaum einmal. ›Unrichtiges Schreiben‹[338] warf ihr schon David Veit vor. Gemeint damit waren die Fehler, die Rahel beim Schreiben unterliefen. Sie achte einfach nicht auf die »Orthographie«[339], antwortete sie ihm, auch wenn sie es sich vornehme, weil sie »immer an das Wesentliche denke«[340], also wohl an den Gedanken, den sie festhalten wollte. Varnhagen redigierte später zwar ihre Briefe und dürfte dabei stillschweigend manchen Fehler getilgt haben, aber offensichtlich nicht jeden. Manche Eigenarten der Orthografie vor Duden – auch der Grammatik, der Syntax und der Interpunktion – hat er beibehalten.

Rahel hat immer wieder in ihren Briefen vermerkt, dass

ihr das Schreiben schwerfalle, schon physisch, es sogar »die schreckliche Handlung, die zerstörende für mich«[341] genannt. Ihre Hände waren klein. Federn zu schneiden war für sie ähnlich mühsam wie langes Sitzen. Auch fand sie oft nicht die richtige Gelegenheit zum Schreiben. Immer wieder wurde sie unterbrochen, durch ihr Mädchen oder durch Besuch, und musste neu ansetzen. Ihre Geselligkeit war dem Schreiben, selbst dem von Briefen, nicht förderlich.

So fehlt es in ihrer Korrespondenz nicht selten an Konzentration und Komposition. Manche Briefe ufern aus, manche weisen Brüche auf, etwa weil sie an mehreren Tagen entstanden sind, unterbrochen und dann wiederaufgenommen wurden: ein kaum noch kanalisiertes Strömen. Rahel war das bewusst. Alexander von der Marwitz schrieb sie im Juli 1812: »Hätte ich vorgestern Zeit gehabt, Ihnen zu antworten, so hätten Sie einen sehr guten Brief bekommen; ich hatte ihn schon fertig im Kopfe. Jetzt eben hat man mir wieder die Stimmung und Fassung geraubt, als ich Ihren Brief noch Einmal las, das Papier auf dem Tisch lag, und ich grad hinging.«[342] Aber auch dieses Mal wurde sie wieder unterbrochen.

Das ›Unrichtige‹, nicht Ausgewogene, ja Wechselhafte ihres Briefstils hat allerdings auch einen tieferen Grund. Es mag sein, dass Rahel beim Schreiben oft gehemmt war, schon durch die äußeren Umstände. Oft aber scheint sie geradezu enthemmt, entfesselt gewesen zu sein. »Wenn ich […] an Menschen schreibe, geschieht es mir, daß der schwer erfüllte Horizont meiner Seele los gewittert. Himmlische Menschen lieben Gewitter. Auch ein Grund, warum ich das Schreiben scheue.«[343]

Beim Schreiben war Rahel in einer eigenen Gemütsverfassung. Ohne »höchstes Echauffement«, erklärte sie, könne sie nicht »die Feder« führen[344]: »Da ich nur zu schreiben vermag, wenn eine gewisse Entzündung in mir Statt hat, die Geist, Erinnerung, Kombination und Einfälle hervorbringt, in Licht und Bewegung setzt; so stört ein körperliches Hindernis vollkommen diese ganze Operation; ich habe keine fertige Gedankenpläne zur Ausarbeitung in mir vorliegen: sondern Einfall, Anregung, Gedanke, Ausdruck, ist alles eine und dieselbe Explosion und ein Fluß.«[345]

Rahels ›Schreibekunst‹ hat vielleicht Heinrich Heine am besten beurteilt – ausgehend von ihrem Wort ihm gegenüber: »Börne kann nicht schreiben, eben so wenig wie ich oder Jean Paul«. Heine hat es voll Verständnis für ihre Art zu schreiben ausgelegt: »Unter Schreiben verstand sie nämlich die ruhige Anordnung, so zu sagen die Redaktion der Gedanken, die logische Zusammensetzung der Redeteile, kurz jene Kunst des Periodenbaues, den sie sowohl bei Goethe, wie bei ihrem Gemahl so enthusiastisch bewunderte, und worüber wir damals fast täglich die fruchtbarsten Debatten führten. Die heutige Prosa, was ich hier beiläufig bemerken will, ist nicht ohne viel Versuch, Beratung, Widerspruch und Mühe geschaffen worden. Rahel liebte vielleicht Börne um so mehr, da sie ebenfalls zu jenen Autoren gehörte, die, wenn sie gut schreiben sollten, sich immer in einer leidenschaftlichen Anregung, in einem gewissen Geistesrausch befinden müssen: Bachanten des Gedankens, die dem Gotte mit heiliger Trunkenheit nachtaumeln.«[346]

Rahels Art zu schreiben ist das Gegenteil aller erlernbaren Kunstübung der Rhetorik. Sie ist unaufhebbar subjektiv – untrennbar an die Person gebunden, ihr Fühlen und Denken. Auf ihre Weise sich auszudrücken, gehörte für sie dazu, Rahel zu sein. Sie konnte nicht anders schreiben, als sie es tat. Insofern ist es auch nur begrenzt verbesserbar und kann, schon in seinen Mängeln, aber auch in seinem Gelingen, nicht klassisch werden, nur für manche vorbildhaft.

Wohl auch von ihren eigenen, fast täglichen Erfahrungen her schuf sich Rahel eine Poetik des Briefe-Schreibens, die sie ihrem Freund Oelsner 1821 mitteilte: »Ich schreibe nicht ganz ohne Wahl, in der Art wie ich es thue. Ich will nämlich, ein Brief soll ein Portrait von dem Augenblick sein, in welchem er geschrieben ist; und getroffen soll es hauptsächlich sein, so hoch auch Kunstanforderungen an ideelle Veredlung lauten mögen: von denen man allerdings wissen soll, aber nach denen sich zu gebärden affektirt und leer ausfällt. Glücklich die schönen Gebilde eines lächelnden Naturmoments, die aller Menschenerfindung weit entrückt der kunstreichsten zum Vorbilde dienen können!«[347]

In diesen wenigen Zeilen bindet Rahel das Briefe-Schreiben an das Leben: ihr gelebtes Leben. So soll es davor bewahrt werden, leer zu werden – weil Schreiben ja an sich »nichts« ist. Dass der Brief ein »Portrait des Augenblicks« sein soll, begründet gleichwohl seinen künstlerischen Anspruch. Denn wenn er gelingt, ist er für Rahel mehr als nur der flüchtige Ausdruck des Moments. Wird er zu einem »schönen Gebilde«, ist er sogar dem Kunstwerk als Erfindung überlegen. Die Bemerkung, dass er dann zum ästhetischen Vorbild werden könne, verrät Rahels (Wunsch-)Vorstellung von einer Kunst, die aus dem Leben entsteht, so wie auch das Leben zur Kunst werden kann.

Christa Bürger hat für Rahel die Formel gefunden: Sie »lebt als Schreibende und schreibt die Lebende.«[348] Man kann das noch etwas weiter zuspitzen: Rahel schrieb, mittelbar oder unmittelbar, von sich und ihrem Leben. Zwar lebte sie auch, ohne zu schreiben. Aber wenn sie schrieb, wollte sie die »Trennung von Kunst und Leben«[349] aufheben, für die das von ihr ansonsten hochgeachtete Konzept der »Kunstautonomie«[350] etwa des klassischen Goethe gilt. Rahel konnte auch über ihr größtes Vorbild hinausgehen.

## *Die »infamirende Krankheit« Rahel und die Cholera in Berlin*

In ihren letzten Jahren wurde die immer schon kränkelnde Rahel durch allerhand Leiden heimgesucht. Ihrer Schwester Rosa zählte sie Anfang 1829 die gerade überstandenen auf: »Alte sciatique«, eine Entzündung des Ischiasnervs, »die nach den Rippen gegangen ist. Katarrhalisches Hals-, Schnupfen- und Brustübel. Milzkrampf von einem großen Schreck.«[351] Immer häufiger kam es auch zu Rheuma- und Gichtschüben. Rahels Leben war aber nicht nur von diesen Krankheiten überschattet, die sie wochenlang ans Bett fesselten – sondern auch von der Großen Krankheit. Im Sommer 1831 breitete sich von Osten her die Cholera in Preußen aus. Im Juni erreichte sie Danzig, im September Berlin. Ihr voraus ging die Angst – die »Cholera-Furcht«[352], wie Rahel sie am 23. November in einem Brief an Gentz nannte. Auch sie litt unter ihr. Aufmerksam registrierte sie den Verlauf der Pandemie und berichtete Freunden und Verwandten von ihr. Wie sie sich in dieser Zeit verhielt, was sie dachte, tat und schrieb, lässt, am Ende ihres Lebens, noch einmal deutlich werden, auf welche Weise sie ›ein weiblicher Mensch‹ war.

Manche ihrer Reaktionen muten heute abergläubisch an. So schrieb sie einmal: »ich nenne nie den Krankheitsnamen«[353] – als gäbe es das nicht, dessen Namen man nicht ausspricht. Gleichwohl ergriff sie alle möglichen Schutzmaßnahmen vor der Seuche, an deren Gefährlichkeit sie nicht zweifelte. Peinlich genau hielt sie Verhaltens- und Diätregeln ein und empfahl sie, meist dringlich, auch anderen. Einer Freundin aus Frankfurt an der Oder etwa schrieb sie am 25. September 1831: »Nehmen Sie sich auch recht in Acht? Abendthau ist die Cholera – da steht das Wort: es muß hier stehn – wenn die Sonne noch ganz da ist, müssen die Fenster zu: und mit Bernstein alles geräuchert; Nachts die Binden umbehalten: keine Sorte Transpiration unterbrochen: nie, nicht Tag, nicht Nacht. Nie zu kalt getrunken: nur bei wirklichem Durst; mehr Kaffee als sonst; kein kaltes Fleisch; nie; etwa beim Thee. Hat man leises Abweichen; ordinairen Thee; schon Vormittag. Kein Fenster geöffnet, bis die Sonne hell scheint, und aller Morgenthau weg ist; ist flaue Luft, mit Bernstein geräuchert, force! ist es sonnenheiß – sie ist jetzt trügerisch, immerfort – mit Essig gesprengt. Nie ganz satt gegessen. Vormittag einen Schluck Bischof; nie bloßes Wasser; dies abgekocht. Privation! Ja, ja, ja: dies ist die Abwehr. Knoblauch auf den Magen, oder Kampfer; absolut. Und Gottes Segen von mir angerufen immerdar!«[354]

Manche dieser Vorsichtsmaßnahmen, so kurios sie sich heute ausnehmen, entsprachen den offiziellen Empfehlungen: Räuchern, die Einnahme nur kleiner Mahlzeiten, Einreibungen mit Essig und Inhalation von Kampfer. Man wusste nicht viel über die Cholera, glaubte etwa lange, dass sie durch Dünste übertragen würde. Über die Ursache der Seuche gingen allerhand Gerüchte um, auch üble. Am 3. August schrieb Rahel, einigermaßen fassungslos, ihrem Bruder Ludwig: »Denk dir, dass Einem *hier* die Domestiken erzählen, 2. Juden hätten *hier!* die Brunnen vergiftet.«[355] In Königsberg kam es sogar zu antisemitischen Ausschreitungen.

Es dauerte noch gut 50 Jahre, bis Robert Koch als Erreger einen Bazillus identifizieren konnte, der besonders durch verunreinigtes Wasser übertragen wird. Mit dieser Erkenntnis war die Gefahr jedoch nicht gebannt: Noch 1892 kam es in Hamburg zu einer Cholera-Epidemie.

Rahels Verhalten erweckt den Eindruck, als ob sie – ähnlich wie die Behörden – nichts unversucht lassen wollte, um der Seuche zu entgehen, deren prominenteste Opfer in Preußen die Generäle Clausewitz und Gneisenau wurden. Rahel hatte allerdings eigene Gründe für ihre Vorsicht. Ihre Gesundheit war angegriffen. Erst im Frühjahr hatte sie eine schwere Influenza überstanden. Aber sie wollte noch nicht sterben – und sie wollte nicht an *dieser* Krankheit sterben. Am 9. Oktober 1831 schrieb sie dem Fürsten von Pückler-Muskau: »Stockiges Berlinerleben: und dann die grauelmachende, dumpfe, unbekannte, verschrieene Annäherung des großen Übels – ich nenn sie nicht, die infamirende Krankheit; sich angesteckt zu fühlen, zu meinen: nicht mehr fliehen wollen, könnte man es auch noch: dies ist mir, was mir ein neues lähmendes, nie bedachtes, ganz verworfen fremdes Bewußtsein.«[356]

Rahel wollte von der Angst vor der Krankheit nicht gelähmt werden: Das ließ sie tätig werden. Eines war ihr aber noch wichtiger: »Und was hab' ich alles entdeckt! Daß ich der größte Aristokrat bin, der lebt. Ich verlange ein besonderes, persönliches Schicksal. Ich kann an keiner Seuche sterben; wie ein Halm unter andern Ähren auf weitem Felde, von Sumpfluft versengt. Ich will allein, an meinen Übeln sterben; das bin ich; mein Karakter, meine Person, mein Physisches, mein Schicksal. – Nie bleibe ich mehr bei solcher Pest, wenn ich fliehen kann.«[357]

Ihre Beteuerung, dass sie an ›keiner Seuche sterben‹ zu *können* meinte, mag schon damals etwas snobistisch geklungen haben, selbst für den Fürsten, an den sie gerichtet war. Man kann in dieser Haltung Hochmut sehen, aber auch die zu Ende gedachte und gelebte Idee der einzigartigen Persönlichkeit, die jeder Mensch ist oder sein sollte. Rahel hat wie an das eigene Leben auch an den eigenen Tod geglaubt, von dem später Rainer Maria Rilke im *Malte Laurids Brigge* erzählte.

Während der Seuche dachte sie nicht nur über ihren Tod nach. Ihrem Bruder Ludwig schrieb sie am 8. September 1831 nach Wien: »Besinnungskrankheit nenn' ich's – Ich will mich wenigstens besinnen – besinnen sollen wir uns: dazu will ich sie anwenden; die dummen Phrasen immer mehr auszurotten.«[358] Sie zog sich zurück, um sich zu schützen – und um nachzudenken. Am 25. September berichtete sie ihrem Bruder: »Auch thut mir die Einsamkeit, in der man mir keine falsche Vergnügungsvorschläge machen und geben kann, wohl. Ich sehe niemand, als die Kinder, und dann und wann Morgens die Nichten; lese; sorge für meine Leute den ganzen Tag; für deren Kinder; Nachbarn, Kutscher, Waschfrauen, arme Leute: das nur macht mich wohl.«[359]

Bei aller Vorsicht, die sie sogar ihr gesellschaftliches Leben einstellen ließ, kümmerte sich Rahel weiter um

Freunde und Familie und, nicht zuletzt, wie schon ähnlich in Prag, um Arme und Hilfsbedürftige: »man muß für sie sorgen, und statt ihrer selbst.«[360] Im Kleinen übte sie wieder Wohltätigkeit und lobte dabei »die dritte, vierte Klasse«[361] als »verständig, vorsichtig, folgsam.«[362]

Die Zeit zur Besinnung nahm sich Rahel jedoch trotz aller Fürsorge für andere. Nachdenken war ihr unentbehrlich. Sie versuchte tatsächlich sich zu ›besinnen‹. Das hieß für sie: sich sammeln, nachdenken, prüfen, entscheiden, woran man festhält, was man aufgibt. Das Nachdenken setzte bei Rahel auch in Krisenzeiten nicht aus. Nachdenkend fand sie sich in der Welt und unter Menschen zurecht. Es war auch ihr Heilmittel gegen Panik und Paralyse.

So besonnen formulierte sie, ebenfalls ihrem Bruder gegenüber, ebenfalls am 8. September 1831, auch ihre wichtigste Erkenntnis, aus der sie eine moralische Maxime ableitete: »Vielleicht mache ich mich sehr verhaßt durch diese Worte; ich habe sie lange überlegt und erwogen: und sie doch hierher gesetzt: jetzt oder nie, muß Wahrheit hervor; die immer vor sollte, wären wir Alle, und ich an der spitzesten Spitze, nicht strafbare Verzagte, Poltrons.«[363] Dass in der lebensbedrohlichen Krise vor allem Wahrheit und Ehrlichkeit verlangt sind, nannte sie ihre »Herzensmeinung«. Sie galt ihr als ein Beispiel dafür, »wie Gott mir durch hohe Übel die Erkenntniß, wie für mich, so für euch giebt.«[364]

Rahel glaubte daran, dass Menschen durch Krisen, durch Not und Leiden Einsichten und Erkenntnisse erlangen, über sich und über andere – dass sie also auch in solchen Zeiten gesundheitlicher Prüfungen zu sich kommen können. Varnhagen hat ihre Bemerkung »nach einer schrecklichen Nacht« übermittelt: »ich soll gewiß etwas dadurch lernen.«[365] Wenn Krankheit und andere Übel an sich sinnlos sind, dann mag das der Sinn sein, den wir ihnen für uns geben können. Auch in dieser Haltung hat Rahel schon etwas von einem anderen späteren Konzept vorweggenommen: dem existenzphilosophischen der Grenzsituation, das ihr Leser Karl Jaspers 100 Jahre nach ihrem Tod entwickelte. In Grenzsituationen kann der Mensch danach untergehen, aber auch denkend sich gewinnen.

Wie weit das Lernen durch Leiden und am Leiden bei Rahel ging, kann man u. a. daran erkennen, dass sie in der Zeit der namenlosen Seuche ein kleines Selbstporträt schrieb, erkennbar aus einer Selbst-Besinnung heraus. Sie tat das in einem Brief, auch dieses Mal an ihren Bruder Ludwig. Die kleine Porträtskizze ist ihr Erkenne-dich-selbst, ihr Auto-Nekrolog, ein etwas selbstironischer Nachruf zu Lebzeiten: »Wenn ich sterben muß, denke: sie hat alles gewußt: weil sie alles kannte; nie etwas war, nichts beabsichtigte, und alles durch Nachdenken siebte, und in Zusammenhang brachte; sie verstand Fichte; liebte Grünes, Kinder; verstand Künste, der Menschen Behelf. Wollte Gott helfen in seinen Kreaturen. Immerdar, ununterbrochen; und dankte ihm für diese ihre Beschaffenheit. ›Das war dem alten Drachen seine gute Seite.‹«[366]

Rahel Varnhagen ist nicht an der Cholera gestorben. Ihren eigenen Tod hat sie am 7. März 1833 gefunden, nicht ohne Qualen, mit 62 Jahren.

## *Anmerkungen*

1 IX, 13
2 IX, 14–15
3 VII, 12–13
4 I, 120
5 de Bruyn, Die Finckensteins, 130
6 I, 323–324
7 VII, 2, 204
8 Goethe, HA, VII, 292
9 Ebd., 290
10 Ebd.
11 Ebd., 291
12 Ebd., 292
13 II, 33
14 III, 309
15 I, 226
16 Arendt, 10
17 Ebd.
18 Vgl. III, 287
19 II, 32
20 I, 460
21 III, 303
22 IX, 14
23 Kemp, IV, 389
24 Barbara Hahn, in Rahel, VI, 11
25 Schweikert, in X, 38
26 Hahn, in Rahel, VI, 7
27 Arendt/Jaspers, 229
28 Ebd., 230
29 Vgl. Heine, II, 651
30 Hertz, 28
31 Ebd., 137
32 Vgl. Seibert, 247
33 II, 388
34 VIII, 219
35 II, 12
36 II, 209
37 I, 45
38 III, 158
39 III, 39
40 III, 389
41 II, 154
42 II, 186
43 II, 408–409
44 Vgl. dazu Tewarson, 23–28
45 II, 463
46 Arendt, 16–17
47 III, 460
48 Zit. n. X, 384
49 Rahel, VI, 127
50 VII, 2, 116
51 I, 5
52 II, 463
53 VIII, 123
54 II, 16
55 Lund, 3
56 Vgl. ebd.
57 II, 462
58 I, 489
59 de Bruyn, Die Finckensteins, 124
60 I, 328
61 Habermas, 52
62 Arendt, 45

63 Vgl. Isselstein in Tagebücher und Aufzeichnungen, 956
64 Ebd., 952
65 Zit. n. Seibert, 331
66 Zit. n. ebd., 333
67 Vgl. de Bruyn: Die Finckensteins, 126
68 Arendt, 27
69 I, 435
70 I, 319
71 I, 439
72 I, 549
73 II, 15
74 IX, 321
75 Zit. n. X, 347
76 Zit. n. Tewarson, 30
77 Arendt, 62
78 de Bruyn: Die Finckensteins, 123
79 I, 115
80 III, 160
81 Arendt, 45
82 Vgl. dazu Schmölders
83 II, 187
84 II, 187
85 VII, 89
86 I, 557–558
87 Vgl. Seibert, 117
88 I, 328
89 Lund, 539
90 II, 507
91 Hertz, 317
92 III, 285
93 II, 400
94 Vgl. Arendt, 201 ff.
95 I, 207
96 I, 214
97 I, 247
98 II, 126
99 II, 127
100 I, 436
101 II, 127
102 II, 126
103 Arendt, 182
104 Ebd., 183
105 Ebd., 196
106 II, 522
107 II, 139
108 II, 88
109 II, 89
110 II, 150
111 II, 196
112 II, 139
113 II, 205
114 Vgl. Lamping, 21–25
115 II, 116
116 II, 117
117 II, 118
118 II, 603
119 III, 422
120 VI, 6, 61
121 III, 281
122 III, 282
123 I, 15
124 Grillparzer, IX, 192
125 I, 239
126 III, 175–176
127 III, 398
128 III, 398
129 III, 398
130 I, 54
131 I, 100
132 I, 54
133 II, 200
134 II, 535
135 I, 432
136 Arendt, 32
137 So Hertz, 126
138 IX, 40
139 IX, 40
140 IX, 40
141 Arendt/Jaspers, 234

142 Arendt, 32
143 Gentz, nach Rahel, VI, 266
144 I, 111
145 I, 429
146 I, 429
147 I, 430
148 II, 78
149 IX, 309
150 IX, 310
151 Arendt, 196
152 Ebd., 195
153 Vgl. dazu Rosenstrauch, 225–245
154 Rahel, VI, 265
155 Vgl. auch de Bruyn, Die Zeit, 359
156 Zit. n. X, 383
157 Zit. n. X, 384
158 I, 428
159 IX, 79
160 IV, 2, 133
161 Zit. n. X, 393
162 Zit. n. X, 393
163 IX, 75
164 IX, 78–79
165 II, 222–223
166 IX, 44–45
167 Arendt, 194
168 IX, 518
169 IX, 705
170 VI, 5, 86
171 VI, 5, 86
172 III, 141
173 VIII, 103
174 VIII, 105
175 VIII, 121
176 Arendt, 91
177 VIII, 184
178 Arendt, 92
179 Ebd., 93
180 IV, 32
181 IV, 33
182 IV, 33
183 de Bruyn, Die Finckensteins, 128
184 Vgl. Stern, 242
185 Vgl. Key, 84–100
186 II, 335
187 III, 309
188 de Bruyn, Die Zeit, 48
189 Arendt, 147
190 Ebd.
191 Ebd., 146
192 IV, 2, 49 und 93
193 I, 120
194 I, 180–181
195 II, 418
196 II, 419
197 I, 259
198 IX, 308
199 IX, 309
200 IX, 309
201 Arendt/Jaspers, 229
202 I, 133
203 I, 289
204 II, 19
205 VIII, 263
206 II, 224
207 II, 91
208 II, 536
209 II, 537
210 II, 537
211 II, 537
212 II, 38
213 II, 87
214 II, 492
215 II, 447
216 II, 537
217 III, 497–498
218 III, 497
219 II, 379
220 VIII, 2, 190
221 Arendt, 83
222 Ebd.
223 III, 229
224 I, 37

225 I, 37
226 IX, 582–583
227 IX, 583
228 IX, 583
229 IX, 584
230 IX, 584
231 Arendt, 201
232 I, 43
233 I, 43–44
234 Hertz, 314
235 II, 529
236 II, 536
237 VII, 2, 112
238 I, 447
239 Barner, 9
240 I, 174
241 I, 157
242 I, 158
243 I, 148
244 I, 157
245 I, 157
246 I, 144
247 I, 157
248 II, 143
249 II, 143
250 II, 143
251 I, 140
252 II, 326
253 II, 329
254 II, 330
255 I, 144
256 III, 303
257 II, 143
258 III, 172
259 III, 303
260 I, 164
261 II, 143
262 I, 338–339
263 I, 340
264 Zit. n. X, 202
265 I, 183
266 II, 312
267 I, 76
268 Arendt, 113
269 Zit. n. X, 200
270 Vgl. Tagebücher und Aufzeichnungen
271 Vgl. »Ich will noch leben«
272 II, 406
273 HA, IX, 407
274 Schweikert, in X, 421
275 III, 106
276 I, 257
277 Kemp, III, 369–370
278 So Isselstein, in Tagebücher und Aufzeichnungen, 953
279 III, 392
280 II, 408
281 Isselstein, in Tagebücher und Aufzeichnungen, 945
282 Schlegel, 457
283 II, 529
284 II, 370
285 II, 520
286 II, 402
287 III, 86
288 Vgl. Seibert, 254 ff. und 340 ff.
289 Seibert, 341
290 III, 196
291 I, 192
292 I, 193
293 I, 193
294 I, 195
295 I, 196
296 I, 260
297 II, 599
298 III, 29
299 III, 64
300 III, 97
301 III, 80
302 III, 97
303 III, 203
304 III, 205/206

305 III, 319
306 II, 435
307 III, 451
308 I, 372
309 IV, 1, 79
310 I, 51
311 Kafka, 23
312 Arendt, 27
313 IV, 1,1
314 II, 141
315 IX, 287
316 IX, 287
317 Kemp, II, 24
318 VIII, 2, 199
319 II, 484
320 Kemp, II, 10
321 II, 529
322 II, 526
323 II, 134
324 II, 421
325 II, 571
326 III, 501
327 III, 319
328 III, 459
329 I, 368
330 II, 238
331 II, 523
332 II, 327
333 IV, 1, 30
334 III, 61
335 II, 515
336 II, 361
337 II, 433
338 Vgl. I, 64
339 I, 64
340 I, 65
341 I, 256
342 II, 55
343 I, 267
344 III, 177
345 III, 177
346 Heine, VII, 11
347 III, 55–56
348 Bürger, 131
349 Ebd.
350 Ebd., 109
351 III, 362
352 III, 543
353 III, 527
354 III, 528–529
355 IX, 865
356 III, 532
357 III, 532
358 III, 518
359 III, 529–530
360 III, 517
361 III, 521
362 III, 521
363 III, 519
364 III, 519
365 I, 34
366 III, 509

# *Literatur*

Die folgenden Titel werden, wenn nicht anders angegeben, unter Angabe von Verfassernamen oder Kurztitel und Seitenzahl zitiert.


*Werke von Rahel Varnhagen*

Rahel Varnhagen: Briefwechsel. 4 Bände. Hg. von Friedhelm Kemp. 3., durchgesehene und vermehrte Auflage München 1979 (zit. als Kemp, mit Band- und Seitenzahl).

Rahel-Bibliothek. Rahel Varnhagen – Gesammelte Werke. Hgg. von Konrad Feilchenfeldt, Uwe Schweikert und Rahel E. Steiner. 10 Bände. München 1983 (zit. mit Band- und Seitenzahl).

Rahel Varnhagen von Ense: »Ich will noch leben, wenn man's liest«. Journalistische Beiträge aus den Jahren 1812–1829. Hg. von Lieselotte Kinskofer. Frankfurt a. M. u. a. 2001 (zit. als »Ich will noch leben«).

Rahel Levin Varnhagen: Rahel. Ein Buch des Andenkens für ihre Freunde. Hg. von Barbara Hahn. Mit einem Essay von Brigitte Kronauer. 6 Bände. Göttingen 2011 (zit. als Rahel, mit Band- und Seitenzahl).

Rahel Levin Varnhagen: Tagebücher und Aufzeichnungen. Hg. von Ursula Isselstein. Göttingen 2019 (zit. als Tagebücher und Aufzeichnungen, mit Seitenzahl).

*Werke anderer Autoren*

Johann Wolfgang von Goethe: Werke. Kommentare und Register. Hamburger Ausgabe in 14 Bänden. Hg. von Erich

Trunz. München 13. Auflage 1982 (zit. als Goethe, mit Band- und Seitenzahl).

Franz Grillparzer: Gesammelte Werke. Auf Grund der von der Gemeinde Wien veranstalteten kritischen Gesamtausgabe hgg. von Edwin Rollett und August Sauer. 9. Band. Wien 1925 (zit. als Grillparzer, mit Band- und Seitenzahl).

Heinrich Heine: Sämtliche Schriften in 12 Bänden. Hg. von Klaus Briegleb. Frankfurt a. M., Berlin, Wien 1981 (zit. als Heine, mit Band- und Seitenzahl).

Frank Kafka: Briefe an Milena. Erweiterte Neuausgabe. Hgg. von Jürgen Born und Michael Müller. Frankfurt a. M. 1986.

Friedrich Schlegel: Werke in einem Band. Hg. von Wolfdietrich Rasch. Wien, München 1971.

*Sekundärliteratur*

Hannah Arendt: Rahel Varnhagen. Lebensgeschichte einer deutschen Jüdin aus der Romantik. München, Zürich 4. Auflage 1983.

Hannah Arendt, Karl Jaspers: Briefwechsel 1926–1969. Hgg. von Lotte Köhler und Hans Saner. München, Zürich 2. Auflage 2001.

Wilfried Barner: Von Rahel Varnhagen bis Friedrich Gundolf. Juden als deutsche Goethe-Verehrer. Göttingen 1992.

Sabina Becker (Hg.): Rahel Levin Varnhagen. Studien zu ihrem Werk im zeitgenössischen Kontext. St. Ingbert 2011.

Günter de Bruyn: Die Finckensteins. Eine Familie im Dienste Preußens. Berlin 2001.

Ders.: Die Zeit der schweren Not. Schicksale aus dem Kulturleben Berlins 1807–1815. Frankfurt a. M. 2010.

Christa Bürger: Leben Schreiben. Die Klassik, die Romantik und der Ort der Frauen. Stuttgart 1990.

Jürgen Habermas: Strukturwandel der Öffentlichkeit. Untersuchungen zu einer Kategorie der bürgerlichen Gesellschaft. Darmstadt 8. Auflage 1976.

Barbara Hahn: »Antworten sie mir!« Rahel Varnhagens Briefwechsel. Basel, Frankfurt a. M. 1990.

Dies. (Hg.): Rahel Levin Varnhagen. Die Wiederentdeckung einer Schriftstellerin. Göttingen 1987 (LiLi, Beiheft 14).

Dies. (Hg.): Begegnungen mit Rahel Levin Varnhagen. Göttingen 2015.

Deborah Hertz: Die jüdischen Salons im alten Berlin. Aus dem Amerikanischen von Gabriele Neumann-Kloth. Frankfurt a. M. 1991.

Ellen Key: Rahel. Eine biographische Skizze. Einzig autorisierte Übertragung aus dem Schwedischen von Marie Franzos. Leipzig o. J.

Dieter Lamping: Die Idee der Weltliteratur. Ein Konzept Goethes und seine Karriere. Stuttgart 2010.

Hannah Lotte Lund: Der Berliner »jüdische Salon« um 1800. Emanzipation in der Debatte. Berlin 2012.

Hazel Rosenstrauch: Wahlverwandt und ebenbürtig. Caroline und Wilhelm von Humboldt. Frankfurt a. M. 2009.

Claudia Schmölders (Hg.): Die Kunst des Gesprächs. Texte zur Geschichte der europäischen Konversationstheorie. München 1979.

Peter Seibert: Der literarische Salon. Literatur und Geselligkeit zwischen Aufklärung und Vormärz. Stuttgart, Weimar 1993.

Carola Stern: Der Text meines Herzens. Das Leben der Rahel Varnhagen. Reinbek bei Hamburg 1996.

Heidi Thomann Tewarson: Rahel Varnhagen mit Selbstzeugnissen und Bilddokumenten. Reinbek bei Hamburg 1988.

1. Auflage 2021


Umschlaggestaltung: Lisa Neuhalfen, moretypes, Berlin
Cover: © picture alliance / akg-images | akg-images
*Rahel Varnhagen, Grisaille-Gemälde, um 1870, von Ernst Hader nach Pastell, 1817, von Michael Moritz Daffinger*
Satz: Birgit Cirksena · Satzfein, Berlin
Grafiken: Simone Frieling, Mainz
Druck und Bindung: GGP Media GmbH, Pößneck
Papier aus nachhaltiger Forstwirtschaft
Printed in Germany
ISBN 978-3-86915-228-8

www.ebersbach-simon.de